Wirtschaftspolitische Forschungsarbeiten der Universität zu Köln

AF608811

Wirtschaftspolitische Forschungsarbeiten der Universität zu Köln

Band 64

Kapitalmobilisierung für nachhaltige Entwicklung

Über die Subventionierung privater Investitionen

von

Paula Hollekamp

Herausgegeben von Dr. Steffen J. Roth

Tectum Verlag

In der Schriftenreihe Wirtschaftspolitische Forschungsarbeiten des Tectum Verlags erscheinen herausragende Forschungsarbeiten aus dem Umfeld der Universität zu Köln.
Herausgegeben wird die Reihe von Dr. Steffen J. Roth.

Paula Hollekamp

Kapitalmobilisierung für nachhaltige Entwicklung. Über die Subventionierung privater Investitionen

© Tectum – ein Verlag in der Nomos Verlagsgesellschaft, Baden-Baden 2018

ISBN: 978-3-8288-4116-1
E-Book: 978-3-8288-6964-6
ISSN: 1867-7738

Druck und Bindung: Docupoint, Barleben
Printed in Germany
Alle Rechte vorbehalten

Besuchen Sie uns im Internet
www.tectum-verlag.de

Bibliografische Informationen der Deutschen Nationalbibliothek
Die Deutsche Nationalbibliothek verzeichnet diese Publikation in der Deutschen Nationalbibliografie; detaillierte bibliografische Angaben sind im Internet über http://dnb.ddb.de abrufbar.

Inhaltsverzeichnis

1 **Einleitung** ... **9**

2 **Ausgangslage** ... **11**

2.1 Ein neuer Weltzukunftsvertrag: Die Agenda 2030 und die SGDs ... 11

2.2 Finanzierungsbedarf und die Mobilisierung privater Ressourcen ... 13

2.3 Definition Blended Finance und entwicklungsrelevante Investitionsprojekte ... 16

3 **Mobilisierung privater Investitionen als Mittel zur Umsetzung der SDGs** ... **19**

3.1 Konkretisierung und Eingrenzung des Beitrags ... 20

3.2 Mögliche Grundlage des Beitrags: Positive externe Effekte ... 23

3.2.1 Learning by Doing ... 24

3.2.2 Externe Effekte im Zusammenhang mit Humankapital ... 25

3.2.3 Entdeckung der Kostenstruktur ... 26

3.2.4 Agglomerationseffekte ... 28

3.2.5 Vertikale Spillover-Effekte ... 29

3.3 Spannungsfelder bei der Umsetzung ... 31

3.3.1 Theoretische Implikationen für die Anwendung ... 31

3.3.2 Tatsächliche Anwendung ... 34

3.3.3 Mögliche Gründe für Diskrepanz ... 37

3.4 Zwischenfazit ... 41

4 **Ansatzpunkte und Maßnahmen zur Mobilisierung privater Investitionen** ... **43**

4.1 Risiko und Rendite als Entscheidungsgrundlage privater Investoren ... 44

4.2 Maßnahmen zur Mobilisierung privater Investitionen ... 46

4.2.1 Maßnahmen zur Abfederung von Risiken ... 46

4.2.2 Vergünstigte Inputs ... 47
4.2.3 Resultatabhängige Förderungen ... 48
5 Bewertung der Maßnahmen ... 51
5.1 Herleitung und Erläuterung der Bewertungskriterien ... 53
5.2 Anwendung der Bewertungskriterien ... 56
5.2.1 Effektivität ... 56
5.2.1.1 Additionalität ... 56
5.2.1.2 Potentieller Mobilisierungseffekt ... 58
5.2.2 Effizienz ... 63
5.2.2.1 Statische Effizienz ... 63
5.2.2.2 Dynamische Effizienz ... 66
5.3 Zusammenfassung der Resultate ... 70
6 Schlussbetrachtung ... 73
Literaturverzeichnis ... 77

Abkürzungsverzeichnis

AMC	Advance Market Commitment
BNE	Bruttonationaleinkommen
DAC	Development Assistance Committee
DIB	Development Impact Bond
Hrsg.	Herausgeber
IFC	International Finance Corporation
IMF	International Monetary Fund
KfW	Kreditanstalt für Wiederaufbau
MDGs	Millennium Development Goals
ODA	Official Development Assistance
OECD	Organisation for Economic Co-operation and Development
SDGs	Sustainable Development Goals
S.	Seite
UNCTAD	United Nation Conference on Trade and Development
USD	US Dollar
Vgl.	Vergleiche

1 Einleitung

Im September 2015 wurde die Agenda 2030 von allen Mitgliedsstaaten der Vereinten Nationen verabschiedet. Darin setzt sich die internationale Staatengemeinschaft 17 Ziele für nachhaltige Entwicklung (Sustainable Development Goals - SDGs), die bis 2030 weltweit umgesetzt werden sollen. Die SDGs sind breit gefächert und beziehen sich auf verschiedene Dimensionen sozialer, ökologischer und wirtschaftlicher Entwicklung. Zentrale Aspekte sind dabei unter anderem die Beendung von Hunger und Armut, dauerhaftes nachhaltiges Wirtschaftswachstum, die Förderung von Innovation sowie ein nachhaltiges Management natürlicher Ressourcen und der Erhalt von Ökosystemen.

Für eine erfolgreiche Umsetzung der Agenda 2030 sind enorme finanzielle Mittel notwendig. Insbesondere für die Implementierung der SGDs in Entwicklungsländern liegen die geschätzten notwendigen Mittel deutlich über den bisher verfügbaren.[1] Es ist nicht davon auszugehen, dass diese Finanzierungslücke durch die zur Verfügung stehenden Mittel der öffentlichen Entwicklungszusammenarbeit (Official Development Assistance - ODA) sowie durch öffentliche Ressourcen in den jeweiligen Entwicklungsländern geschlossen werden kann.[2] Daher kommt der Idee, weitere Akteure in die Entwicklungsfinanzierung einzubeziehen, große Aufmerksamkeit zu. Dabei könnte auch der Privatsektor eine wichtige Rolle spielen. Ein viel diskutierter Vorschlag besteht darin, private Ressourcen stärker in die Finanzierung der SDGs insbesondere in Entwicklungsländern einzubinden, indem ODA dafür eingesetzt wird, private Investitionen zu unterstützen. So sollen mit den begrenzten öffentlichen Mitteln weitere private Ressourcen mobilisiert werden. Maßnahmen, die dafür eingesetzt werden, sammeln sich unter dem Oberbegriff Blended Finance.

Die Idee, ODA für die Mobilisierung von privaten Investitionen in Entwicklungsländern einzusetzen, steht im Zentrum der vorliegenden Arbeit. Der erste Teil der Forschungsfrage lautet, inwieweit die Subventionierung privater Investitionen in Entwicklungsländern einen Beitrag zur Erreichung der SDGs leisten kann. In einem zweiten Schritt werden

1 Vgl. United Nations Conference on Trade and Development (Hrsg.) (2014), S. 140.

2 Vgl. Carter (2015), S. 3.

verschiedene Maßnahmen zur Subventionierung privater Investitionen im Vergleich zueinander bewertet.

Um diese beiden Forschungsfragen zu beantworten, wird in Kapitel 2 zunächst die Ausgangslage dargestellt, wobei insbesondere auf die Agenda 2030 und die SDGs sowie deren Finanzierungsbedarf und den Vorschlag zur Förderung privatwirtschaftlicher Investitionen eingegangen wird. In Kapitel 3 geht es dann konkret um die Beantwortung des ersten Teils der Forschungsfrage. Dafür wird zunächst der mögliche Beitrag der Mobilisierung privater Investitionen konkretisiert und eingegrenzt (3.1). Im darauffolgenden Schritt wird die mögliche Grundlage des Beitrags dargestellt (3.2). Diese besteht insbesondere in positiven externen Effekten im Zusammenhang mit privaten Investitionen in Entwicklungsländern. Bevor der Beitrag in einem Zwischenfazit (3.4) bewertet wird, werden Spannungsfelder, die sich bei der Umsetzung der Kapitalmobilisierung ergeben, herausgestellt (3.3).

In den Kapiteln 4 und 5 geht es um konkrete Maßnahmen zur Subventionierung privater Investitionen. In Kapitel 4 werden zunächst Ansatzpunkte zur Subventionierung privater Investitionen dargestellt (4.1) und anschließend drei Kategorien von Maßnahmen eingeführt: Maßnahmen zur Abfederung von Risiken, vergünstigte Inputs und resultatabhängige Förderungen. Es folgt eine Herleitung (5.1) und Anwendung (5.2) von Bewertungskriterien in Bezug auf die drei Kategorien von Maßnahmen. Die Kriterien sollen dazu dienen, sowohl die Effektivität als auch die Effizienz der Maßnahmen vergleichend gegenüberzustellen.

Die Arbeit endet mit einer Schlussbetrachtung, in der die wichtigsten Resultate zusammenfassend hervorgehoben werden und ein Ausblick gegeben wird.

2 Ausgangslage

2.1 Ein neuer Weltzukunftsvertrag: Die Agenda 2030 und die SGDs

Wie soll unsere Welt im Jahr 2030 aussehen? Welche globalen Veränderungen sollen bis dahin angestrebt und realisiert werden? Eine mögliche Antwort auf diese und weitere Fragen soll die Agenda 2030 geben, die im September 2015 von internationalen Regierungsvertretern im Amtssitz der Vereinten Nationen in New York verabschiedet wurde.[3] Das Kernstück der Agenda sind die 17 SDGs, die in einem mehrjährigen Beratungsprozess unter der Beteiligung von über einer Millionen Bürgerinnen und Bürgern, zivilgesellschaftlicher Organisationen, Regierungsvertretern und Expertengruppen ausformuliert wurden.[4] Die SDGs lösen damit die Millenniumentwicklungsziele (Millennium Development Goals - MDGs) ab, die 2015 ausliefen. Im Vergleich zu den MDGs, sind die SDGs durch ihre besonders umfassende inhaltliche Ausrichtung gekennzeichnet. Während klassische entwicklungspolitische Themen wie Armutsbeseitigung, Gesundheit, Bildung und Ernährungssicherung weiterhin bekräftigt werden, sind sie durch ein breites Spektrum an wirtschaftlichen, sozialen und ökologischen Zielen geprägt.[5] Die Beseitigung von Armut in allen Ausprägungen wird nach wie vor als die größte Herausforderung und notwendige Voraussetzung für nachhaltige Entwicklung angesehen.[6] Bis 2030 sollen Armut und Hunger überall auf der Welt beendet werden, Ungleichheit zwischen und in Ländern soll reduziert, Menschenrechte und Geschlechtergleichstellung gefördert, natürliche Ressourcen und Ozeane geschützt und Bedingungen, die nachhaltiges und inklusives Wirtschaftswachstum sowie menschenwürdige Arbeit für alle ermöglichen, geschaffen werden.[7] Weiterhin ist die Agenda 2030 von ihrem universellen Charakter gekennzeichnet; sie bezieht sich nicht ausschließlich auf die Entwicklung wirtschaftlich armer Länder, sondern betont, dass nachhaltige Entwicklung überall auf

---

3 Vgl. Generalversammlung der Vereinten Nationen (Hrsg.) (2015b), S. 3.

4 Vgl. Deutsche Gesellschaft für die Vereinten Nationen e.V. (Hrsg.) (2015), S. 1.

5 Vgl. ebenda, S. 6.

6 Vgl. ebenda, S. 1.

7 Vgl. ebenda, S. 3.

der Welt umgesetzt werden soll.[8] Dabei wird hervorgehoben, dass es entscheidend sei, „niemanden zurückzulassen", dass also besondere Anstrengungen darauf verwendet werden sollen, die Ziele auch für marginalisierte Bevölkerungsgruppen und die am wenigsten entwickelten Länder zu erreichen.[9] Kritiker bemängeln, die 17 SDGs mit ihren insgesamt 169 Unterzielen seien ein „Sammelsurium beliebiger Anliegen aller möglichen Interessengruppen" und damit zu unübersichtlich und vage, um eine hilfreiche Orientierung zu liefern und ambitionierte Handlungen zu ermutigen.[10] In der Agenda selbst wird die hohe Anzahl an Zielen und Unterzielen nicht nur als Zeichen für deren umfassenden Charakter, sondern auch für die hohe damit verbundene Ambition angeführt.[11]

---

8 Vgl. Deutsche Gesellschaft für die Vereinten Nationen e.V. (Hrsg.) (2015). S. 11.

9 Vgl. Gass; Weinlich (2015), S. 1.

10 Vgl. Lanz (2015).

11 Vgl. Generalversammlung der Vereinten Nationen (Hrsg.) (2015b), S. 1.

2.2 Finanzierungsbedarf und die Mobilisierung privater Ressourcen

Um die SDGs im vorgegebenen Zeitrahmen erfolgreich umzusetzen sind enorme finanzielle Mittel notwendig. Die Geberländer bekräftigen in der Agenda noch einmal das Ziel, 0,7% ihres jeweiligen Bruttonationaleinkommens (BNE) für ODA[12] zu verwenden.[13] Doch auch wenn diese selbstverpflichtete ODA-Quote realisiert wird, ist nicht davon auszugehen, dass die somit zustande kommenden Beträge für die Finanzierung der SDGs ausreichen.[14] Schätzungen der United Nations Conference on Trade and Development (UNCTAD) zufolge sind jährlich zwischen 3,3 und 4,5 Billionen Dollar für eine erfolgreiche Implementierung in Entwicklungsländern insgesamt notwendig. Gemessen an den bisher fließenden Geldern ergibt sich eine Finanzierungslücke von 1,9 bis 3,1 Billionen USD pro Jahr.[15] Wie UNCTAD selbst anmerkt, ist die Feststellung eines jährlichen Gesamtbedarfs für die Umsetzung der SDGs mit enormen methodologischen Herausforderungen verbunden und ist auch von verschiedenen Entwicklungen, wie beispielsweise der Bevölkerungsentwicklung, abhängig. Daher wird empfohlen, die Zahlen eher als eine Art Orientierung zu betrachten.[16] Unabhängig davon, wie aussagekräftig die konkreten Zahlen sind, scheint das Grundproblem relativ unstrittig zu sein: Die notwendigen Mittel zur Umsetzung der SDGs sind höher als die Summe der zur Verfügung stehenden Mittel. Der Finanzierungsbedarf für die Umsetzung der 17 SDGs kann auf acht SDG-relevante Investitionsbereiche heruntergebrochen werden: Gesundheit, Bildung, soziale Sicherheit, Ernährungssicherheit und

---

12 Dazu zählen die Mittel, die Mitglieder des Entwicklungsausschusses (Development Assistance Committee - DAC) der OECD für Entwicklungsvorhaben, direkt oder über internationale Organisationen, Entwicklungsländern zur Verfügung stellen (vgl. Bundesministerium für wirtschaftliche Zusammenarbeit und Entwicklung (Hrsg.)). Das DAC hat derzeit insgesamt 30 Mitglieder, darunter Deutschland, Großbritannien, Frankreich, Japan, die USA sowie die europäische Kommission. Zu den Aufgaben des DAC gehört unter anderem, die Standards für die Vergabe von ODA festzulegen und regelmäßig über deren Verwendung zu berichten (vgl. Organisation for Economic Co-operation and Development (Hrsg.)).

13 Vgl. Generalversammlung der Vereinten Nationen (Hrsg.) (2015b), S. 11-12.

14 Vgl. Colla (2016), S. 1.

15 Vgl. United Nations Conference on Trade and Development (Hrsg.) (2014), S. 140.

16 Vgl. ebenda, S. 141.

nachhaltige Landwirtschaft, Infrastruktur (Energie, Wasserversorgung und Abwasserbeseitigung, Transportinfrastruktur und Telekommunikationsinfrastruktur), Ökosysteme und Biodiversität, Daten für die Überprüfung der SDGs und Hilfe bei Katastrophen beziehungsweise humanitäre Arbeit.[17] Besonders hoch ist dabei der Finanzierungsbedarf im Bereich Infrastruktur, insbesondere in den Unterkategorien Energie und Telekommunikationsinfrastruktur.[18]

Es ist zu erwarten, dass die bestehende Finanzierungslücke weder durch ODA, noch durch die öffentlichen Ressourcen der jeweiligen Entwicklungsländer geschlossen werden kann. Daher kommt der Idee, ODA dafür einzusetzen, zusätzliche private Mittel für die Umsetzung der SDGs zu mobilisieren, eine große Aufmerksamkeit zu.[19] Das World Economic Forum (WEF) und die Organisation für wirtschaftliche Zusammenarbeit und Entwicklung (Organisation for Economic Co-operation and Development - OECD) sehen in der Mobilisierung privater Mittel eine „win-win-win Lösung“: private Investoren bekämen neue Möglichkeiten, ihr Geld gewinnbringend anzulegen, Geberregierungen könnten mit ihren begrenzten Mitteln mehr erreichen und letztendlich sollen natürlich die Menschen in Entwicklungsländern von den getätigten Investitionen profitieren.[20] Zwar bestünden weiterhin große Herausforderungen bei der Umsetzung der Entwicklungsziele, jedoch wird dagegen gehalten: „the good news is that there is enough money to go around“, wobei darauf verwiesen wird, dass private Investitionen in Entwicklungsländern deutlich schneller wachsen als öffentliche Mittelflüsse und dass hier ein großes Potential bestünde, weitere Mittel zu mobilisieren.[21] In einem Standpunkt-Papier der Kreditanstalt für Wiederaufbau (KfW) wird die These vertreten, dass nur dann eine realistische Chance auf die Realisierung der SDGs bestünde, wenn öffentliche Gelder ein Umlenken von signifikanten privaten Mitteln in entwicklungspolitisch relevante Projekte bewirken können.[22] Ein vielzitiertes Paper von den multilateralen Entwicklungsbanken und dem Internationalen Währungsfonds (International Monetary Fund - IMF) , welches den Titel „From Billions to Trillions: Transforming Development Finance“

17 Vgl. Schmidt-Traub (2015), S. 7.

18 Vgl. ebenda, S. 10.

19 Vgl. Carter (2015), S. 3.

20 Vgl. ReDesigning Development Initiative (Hrsg.) (2015), S. 3.

21 Vgl. ebenda.

22 Vgl. Colla (2016). S. 1.

trägt, weist darauf hin, dass es für die Umsetzung der SDGs nicht ausreiche, sich auf ODA zu fokussieren, sondern eine Transformation stattfinden müsse, hin zu Billionen von Investitionen aller Art, wobei privaten Investitionen eine wichtige Rolle zukomme.[23]

In der Agenda 2030 selbst wird deren Finanzierungsbedarf aufgegriffen und thematisiert. So wird darauf verwiesen, dass eine starke globale Partnerschaft zur erfolgreichen Umsetzung erforderlich sei; diese soll bestehen aus Regierungen, dem Privatsektor, der Zivilgesellschaft, dem System der Vereinten Nationen und weiteren Partnern. Gemeinsam mit diesen Partnern sollen alle zur Verfügung stehenden Ressourcen gebündelt werden.[24] Darüber hinaus steht in der Agenda geschrieben, dass internationale öffentliche Finanzierungen dazu eingesetzt werden sollten, zusätzliche Mittel zu mobilisieren, sowohl weitere öffentliche als auch private, und dass die sogenannte Aktionsagenda von Addis Abeba integraler Bestandteil sei.[25] Letztere ist das Ergebnisdokument der dritten internationalen Konferenz über Entwicklungsfinanzierung, die im Juli 2015 stattfand, und als Wegbereiter für die Verabschiedung der SDGs gilt. Im Vergleich zu den vorherigen Entwicklungsfinanzierungskonferenzen (2002 in Doha, 2008 in Monterrey) wird die Rolle von privaten Mittel in der Aktionsagenda von Addis Abeba deutlich stärker herausgehoben und private Ressourcen werden als wichtige Ergänzung zu öffentlichen Mitteln anerkannt. Privatwirtschaftliche Unternehmen werden dazu aufgefordert „ihre Kreativität und Innovationsstärke zugunsten der Lösung der Herausforderungen im Bereich der nachhaltigen Entwicklung einzusetzen."[26] Auch die Förderung von Investitionen und gemeinsame Finanzierungen von privaten und öffentlichen Akteuren werden dabei als wichtiges Mittel gesehen, um den Beitrag der Privatwirtschaft zu manifestieren.[27]

---

23 Vgl. African Development Bank et al. (Hrsg.) (2015), S. 1.

24 Vgl. Generalversammlung der Vereinten Nationen (Hrsg.) (2015b), S. 30.

25 Vgl. ebenda, S. 11.

26 Generalversammlung der Vereinten Nationen (Hrsg.) (2015a), S. 13.

27 Vgl. Obenland (2016), S. 139.

2.3 Definition Blended Finance und entwicklungsrelevante Investitionsprojekte

ODA dafür einzusetzen, weitere Mittel zu mobilisieren, kann als Trend in der Entwicklungsfinanzierung charakterisiert werden. Entsprechende Maßnahmen sammeln sich unter dem Oberbegriff Blended Finance. Blended Finance ist jedoch nicht einheitlich definiert und wird von verschiedenen Akteuren unterschiedlich verwendet. Allgemein bezieht sich Blended Finance auf eine Gruppe von Maßnahmen, bei denen öffentliche (bzw. philanthropische) Gelder dazu genutzt werden, weitere Mittel für die Finanzierung entwicklungspolitischer Ziele zu mobilisieren.[28] Teilweise wird auch der Fall miteingeschlossen, bei dem durch öffentliche Gelder weitere öffentliche Gelder mobilisiert werden.[29] Man könnte sich beispielsweise vorstellen, dass durch die Verwendung von ODA in bestimmten Projekten weitere öffentliche Ressourcen im Entwicklungsland selbst gehebelt werden. Häufig steht jedoch die Mobilisierung privater Mittel im Vordergrund. Im Rahmen der vorliegenden Arbeit wird ausschließlich der Fall betrachtet, dass Geberregierungen[30] durch den Einsatz von ODA bezwecken, private Investitionen zu mobilisieren. Die Durchführung wird insbesondere von öffentlichen Entwicklungsbanken und Entwicklungsfinanzierungsinstituten im Auftrag der Geberregierungen übernommen.

Ziel dabei ist es, den Privatsektor dazu zu bewegen, sich stärker an der Entwicklungsfinanzierung zu beteiligen, um bestehende Finanzierungslücken zu schließen.[31] Dies soll gelingen, indem das Risiko-Rendite Profil durch den öffentlichen Input so verbessert wird, dass Investitionen in Entwicklungsländern für private Investoren so attraktiv werden, dass sie ihr Kapital dort anlegen.[32]

Investitionen sind ein sehr breiter Begriff, im Rahmen dieser Arbeit zählen dazu, angelehnt an Dani Rodrik, insbesondere Ausweitungen von Kapazitäten, die Anwendung neuer Technologien, die Entwicklung von

---

28 Vgl. Development Initiatives (Hrsg.) (2016), S. 3.

29 Vgl. European Network on Debt and Development (Hrsg.) (2014), S. 7.

30 Der Begriff Geberregierungen bezieht sich auf die sogenannten „traditionellen Geber", also die Mitglieder des Entwicklungshilfeausschusses (Development Assistance Committees - DAC) der OECD (vgl. Klingebiel (2013), S. 22, Definition DAC: vgl. Fußnote 12, S. 9).

31 Vgl. Knoke; Morazón (2016), S. 1-2.

32 Vgl. ReDesigning Development Initiative (Hrsg.) (2015), S. 9.

Produkten sowie die Suche nach neuen Märkten.[33] Auf dieser abstrakten Ebene wird nicht zwischen Unternehmern, die in ihre eigenen Kapazitäten investieren, oder sonstigen Investoren unterschieden. Ebenfalls wird keine Unterscheidung gemacht zwischen internationalen oder im jeweiligen Land lokalen Investoren beziehungsweise Unternehmern. Entscheidend ist, dass die Investition selbst im entsprechenden Entwicklungsland getätigt wird.

Ein zentrales Merkmal bei der Definition von Blended Finance ist die sogenannte Additionalität, womit gemeint ist, dass die privaten Mittel erst durch den Beitrag des öffentlichen Sektors materialisiert werden.[34] Demnach sollte es sich um Projekte und Maßnahmen handeln, die erst durch den öffentlichen Input kommerziell durchführbar sind. Weiterhin ist entscheidend, dass die geförderten Projekte entwicklungsrelevant sind, womit gemeint ist, dass sie positive soziale, ökonomische oder ökologische Effekte in Entwicklungsländern haben und somit relevant für die Erreichung der SDGs sind.[35] Was man unter einer SDG-relevanten Investition versteht, ist so weit gefasst wie die SDGs selbst. Während der Fokus bei der Umsetzung der MDGs noch sehr stark auf öffentlichen Investitionen zur Beendung extremer Armut lagen, sind im Rahmen der SDGs auch vermehrt Investitionen in Bereichen wie nachhaltige Landwirtschaft, Infrastruktur oder urbane Entwicklung angedacht, bei denen sich eine stärkere private Beteiligung am Investitionsbedarf eher anbietet.[36] Auch ein „dauerhaftes, inklusives Wirtschaftswachstum", sowie die Stärkung der Produktionskapazitäten in allen Sektoren, gerade in den weniger entwickelten Ländern, die Förderung von produktiver Beschäftigung und Strukturwandel, sind Ziele, die in der Agenda 2030 explizit erwähnt werden.[37] Insofern fallen unter SDG-relevante Investitionsprojekte eine große Spannbreite an wirtschaftlichen Aktivitäten, die im Einklang mit sozialen und ökologischen Standards sind.

Kooperationen zwischen Geberregierungen und Privatwirtschaft sind in der Entwicklungszusammenarbeit schon lange etabliert. Die direkte Beteiligung an Investitionsprojekten mit öffentlichen Geldern stellte bislang aber eine Nischenaktivität dar, die aktuell immer mehr Beliebtheit

---

33 Vgl. Rodrik (2007), S. 44.

34 Vgl. Development Initiatives (Hrsg.) (2016), S. 6.

35 Vgl. ebenda.

36 Vgl. Schmidt-Traub; Sachs (2015), S. 133.

37 Vgl. Generalversammlung der Vereinten Nationen (Hrsg.) (2015b), S. 8.

erfährt.[38] Zwischen 2012 und 2014 sind die netto ODA-Zahlungen durchschnittlich um etwa 3,5% angestiegen, die durch Blended Finance mobilisierten Investitionen jährlich um 20%.[39] Auch die derzeitig hohe Aufmerksamkeit spiegelt wider, dass im Einsatz von Blended Finance ein großes Potential gesehen wird.

---

38 Vgl. Carter (2015), S. 1.

39 Vgl. Tew; Caio (2016), S. 6. (Für die Zahlen zum Anstieg der durch Blendend Finance mobilisierten Mittel beziehen sich die Autoren auf eine OECD-Studie (vgl. Benn et al.), die in Abschnitt 3.3.2 näher dargestellt wird.)

3 Mobilisierung privater Investitionen als Mittel zur Umsetzung der SDGs

Die Verabschiedung der Agenda 2030 durch alle Mitgliedsstaaten der Vereinten Nationen drückt das internationale politische Ziel aus, die SDGs bis 2030 erfolgreich umzusetzen. Wie im vorhergehenden Kapitel gezeigt wurde, sehen verschiedene Akteure die Mobilisierung privater Investitionen durch Blended Finance als ein wichtiges Mittel für diese Umsetzung an.

Ziel dieses Kapitels ist es nun, den ersten Teil der Forschungsfrage zu beantworten: Kann die Mobilisierung privater Investitionen durch Blended Finance einen Beitrag zur Erreichung der SDGs leisten?

Der erste Schritt, der für die Beantwortung dieser Frage notwendig ist, ist eine Konkretisierung und Eingrenzung. Denn um festzustellen, ob ein bestimmter Beitrag erreicht werden kann, muss zunächst klar sein, worin der Beitrag eigentlich bestehen sollte. Die 17 SDGs mit ihren 169 Unterzielen sind sehr breit angelegt und es ist kaum davon auszugehen, dass Blended Finance alle diese Ziele gleichzeitig anstreben könnte, beziehungsweise dass es effizient wäre, dies anzustreben. Konkret geht es um die Mobilisierung zusätzlicher privater finanzieller Mittel zur Umsetzung der SDGs, die über die Subventionierung privater Investitionen in Entwicklungsländern erreicht werden soll.

Im darauffolgenden Schritt wird in 3.2 konkret erläutert, wie eine Kapitalmobilisierung aus theoretischer Sicht gelingen könnte. Dies könnte insbesondere durch positive externe Effekte begründet sein, die im Zusammenhang mit privaten Investitionen in Entwicklungsländern stehen.

In 3.3 werden Implikationen, die sich aus 3.2 für die Anwendung von Blended Finance ergeben, der tatsächlichen Anwendung gegenübergestellt. Die dabei deutlich werdende Diskrepanz kann durch Spannungsfelder begründet werden, denen Geberregierungen gegenüberstehen. Diese ergeben sich insbesondere aus dem Bestreben, Projekte mit geringer öffentlicher und hoher privater Beteiligung umzusetzen auf der einen Seite und der Internalisierung externer Effekte auf der anderen.

Das Kapitel schließt mit einem Zwischenfazit zur Beantwortung des ersten Teils der Forschungsfrage.

3.1 Konkretisierung und Eingrenzung des Beitrags

Ob man die 17 SDGs mit ihren 169 Unterzielen als zu unübersichtlich und wenig griffig beurteilt, oder aber deren hohe Anzahl als positives Signal für den ambitionierten Charakter deutet – fest steht: Die Zielvorgaben der Agenda 2030 sind sehr umfangreich, breit gefächert und beziehen sich auf viele verschiedene Bereiche. Ein so komplexes Zielsystem mit einer Hand voll Instrumenten und Maßnahmen umsetzten zu wollen, wäre sicherlich eine Illusion. Auch wenn es in der Realpolitik immer wieder vorkommt, dass ein einzelnes Instrument als Universalmittel für eine Reihe von Zielen angepriesen wird, ist es wichtig zu beachten, dass dies üblicherweise nicht der effizienteste Weg ist. Der niederländische Ökonom Jan Tinbergen, der 1969 den ersten Alfred-Nobel-Gedächtnispreis für Wirtschaftswissenschaften erhielt, hat aufgezeigt, dass es in der Regel mit Wohlfahrtsverlusten verbunden ist, wenn die Anzahl der Ziele die Anzahl der Instrumente zur Erreichung derselben übersteigt.[40] Die sogenannte Tinbergen-Regel, die als grobe Daumenregel für wirtschaftspolitische Entscheidungen verstanden werden kann, besagt, dass die Anzahl der Instrumente zur Zielerreichung der Anzahl der Ziele entsprechen sollte.[41] Ist die Zahl der Instrumente kleiner als die der Ziele, kann dies zu Zielkonflikten führen, die Ineffizienzen mit sich bringen.[42] Dementsprechend kann für die Erreichung groß angelegter Zielsysteme nicht darauf verzichtet werden, auch entsprechende Kosten auf sich zu nehmen und verschiedene wirtschaftspolitische Instrumente auszuschöpfen.[43]

In Bezug auf Blended Finance als Instrument zur Umsetzung der SDGs sind eine Reihe von Zielkonflikten vorstellbar. Die Umsetzung des Ziels der Kapitalmobilisierung kann beispielsweise ganz andere Handlungsempfehlungen erfordern, als die Förderung der Gleichstellung der Geschlechter. Beides mit dem selben Instrument zu verfolgen könnte dazu führen, dass beiden Zielen nicht gerecht wird.

Wie kann also im vorliegenden Kontext eine sinnvolle Zieleingrenzung aussehen? Das übergeordnete Ziel ist die erfolgreiche Umsetzung der SDGs bis 2030. Der Einsatz von Blended Finance wird damit begründet,

40 Vgl. Frey (2004), S. 2-3.

41 Vgl. ebenda.

42 Vgl. Westphal (1994), S. 494-495.

43 Vgl. Dobias (1980), S. 109-110.

zusätzliche private finanzielle Mittel für die Umsetzung der SDGs mobilisieren zu wollen. Demnach geht es vorrangig um Kapitalmobilisierung durch die Förderung von privaten Investitionen, also um die Akquise zusätzlicher Mittel für unterschiedliche nicht näher festgelegte Teilbereiche der SDGs.

Um den Beitrag von Blended Finance greifbarer zu machen, soll differenziert erläutert werden, wie Blended Finance zur Umsetzung der SDGs beitragen kann, also wie eine Kapitalmobilisierung gelingen kann. Blended Finance bedeutet konkret, dass private Investitionen in Entwicklungsländern subventioniert werden. Durch die Subventionierung erhofft man sich, dass private Investitionen, die sonst nicht stattgefunden hätten, umgesetzt werden. Dadurch können direkt zusätzliche Mittel für die betreffenden Investitionsprojekte zur Verfügung stehen, da die Idee ist, dass der private Beitrag erst durch den öffentlichen Zuschuss materialisiert wird. Ein direkter Effekt von Blended Finance kann ebenfalls in einem Beitrag zum Wirtschaftswachstum in Entwicklungsländern bestehen. Dieser liegt darin begründet, dass mehr Investitionen in den jeweiligen Regionen ausgeführt werden.

Darüber hinaus kann die Realisierung von Investitionsprojekten in Entwicklungsländern mit positiven externen Effekten verbunden sein, die sich wiederum auf wirtschaftliche Entwicklung auswirken können und möglicherweise weitere private Investitionen nach sich ziehen, die ohne Subventionen umgesetzt werden können. Darin kann eine wichtige Begründung des Beitrags von Blended Finance zur Umsetzung der SDGs liegen. Denn, wie bereits beschrieben, sollen nur Projekte gefördert werden, die von sich aus nicht hinreichend profitabel sind, um ohne Subvention durchgeführt zu werden. Ist ein Investitionsprojekt von sich aus nicht ausreichend profitabel, kommt es unter normalen Umständen nicht zustande. Kostet die Produktion eines Gutes oder einer Dienstleistung mehr, als Abnehmer bereit sind dafür zu zahlen, findet die entsprechende Produktion in der Regel nicht statt. Wenn die Geberregierung Gelder dafür einsetzt, das Risiko-Rendite Profil einer solchen Investition so zu verbessern, dass private Akteure bereit sind diese umzusetzen, kann dies auch zu Wohlfahrtsverlusten führen, da private Ressourcen, die ebenfalls knapp sind, dann für Investitionen eingesetzt werden, die im Vergleich zu anderen Investitionsmöglichkeiten schlechter abschneiden.[44] Positive externe Effekte, wie im folgenden Abschnitt (3.2) noch

44 Vgl. Barder; Talbot (2015), S. 3.

genauer erläutert wird, liefern einen Grund dafür, warum die Subventionierung privater Investitionen in Entwicklungsländern anstatt Wohlfahrtsverluste zu verursachen, auch zu einer effizienteren Allokation führen kann und entwicklungsrelevante Auswirkungen haben kann, die zu einer Mobilisierung zusätzlichen Kapitals führen können.

Im Nachfolgenden liegt der Fokus nicht auf den oben beschriebenen direkten Auswirkungen von Blended Finance, sondern auf den Zusatzeffekten, durch welche positive entwicklungsrelevante externe Effekte ausgelöst werden können, was wiederum zu einer Kapitalmobilisierung führen kann, auch über die geförderten Projekte hinaus.

Wie in 3.2 und 3.3 noch genauer erläutert wird, entstehen die für eine mögliche Kapitalmobilisierung verantwortlichen positiven externen Effekte insbesondere durch breite experimentierfreudige privatwirtschaftliche Aktivitäten. Eine Zieleingrenzung auf einen bestimmten Sektor, also beispielsweise Investitionen zur Mobilisierung weiteren Kapitals im Bereich Energieversorgung zu fördern, erscheint daher nicht sinnvoll. Grundsätzlich ist bei der Auswahl der zu fördernden Investitionsprojekte wichtig zu berücksichtigen, dass diese im Einklang mit sozialen und ökologischen Standards stehen, sich also zumindest nicht negativ auf andere entwicklungspolitische Ziele auswirken. Als grobe Leitlinie kann dabei die Agenda 2030 selbst herangezogen werden, in der betont wird, was bei der Förderung des Unternehmenssektors zentral sei; „[…] die Arbeitsrechte schützen und die Einhaltung der Umwelt- und Gesundheitsstandards im Einklang mit den einschlägigen internationalen Normen und Übereinkünften und anderen in dieser Hinsicht laufenden Initiativen gewährleisten […]“[45]

45 Generalversammlung der Vereinten Nationen (Hrsg.) (2015b), S. 32.

3.2 Mögliche Grundlage des Beitrags: Positive externe Effekte

Im vorliegenden Abschnitt geht es nun darum, genauer darauf einzugehen, wie die durch Blended Finance entstehenden Zusatzeffekte eine Mobilisierung von privatem Kapital auslösen können.

Dies könnte insbesondere deswegen gelingen, weil in weniger entwickelten Volkswirtschaften positive externe Effekte vorliegen, die verursachen können, dass die Subventionierung privater Investitionen zu einer effizienteren Allokation führt.

Private Investitionen in Entwicklungsländern können eine Reihe positiver externer Effekte verursachen, die zur wirtschaftlichen Entwicklung einer Volkswirtschaft beitragen und dazu führen können, dass weitere Investitionen getätigt werden. Unter externen Effekten versteht man Auswirkungen von ökonomischen Entscheidungen auf Dritte, die sich nicht im Preismechanismus widerspiegeln und daher weitgehend unberücksichtigt bleiben. Die Ursache für die Entstehung externer Effekte liegt in nicht ausreichend definierten Eigentumsrechten.[46] Geht man von positiven externen Effekten bei privaten Investitionen in Entwicklungsländern aus, dann würde dies bedeuten, dass der Nutzen des privaten Investors hinter dem gesamtwirtschaftlichen Nutzen seiner Investition zurückbleibt. Dies hat dann zur Folge, dass das Investitionsniveau aus gesamtwirtschaftlicher Sicht zu gering ist. Um ein effizientes Ergebnis zu erzielen, müssen die externen Effekte internalisiert werden, so dass alle Auswirkungen der wirtschaftlichen Entscheidungen des handelnden Individuums in seiner Kosten-Nutzenabwägung berücksichtigt werden.[47] Verursachen private Investitionen in Entwicklungsländern also positive externe Effekte, könnte durch deren Subventionierung die ökonomische Effizienz gesteigert werden.[48]

Nach Dani Rodrik lassen sich externe Effekte in Zusammenhang mit Investitionen in weniger entwickelten Regionen in drei verschiedenen Unterkategorien klassifizieren: Learning by Doing, externe Effekte in Zusammenhang mit Humankapital und Lernen über die Kostenstruktur eines Landes. Externe Effekte durch Lernen charakterisiert Rodrik als eine zentrale Barriere der Industrialisierung, die nach ihm notwendig

46 Vgl. Roth (2016), S. 163; vgl. Pigou (1932), S. 172-174.

47 Vgl. Roth (2016), S. 168.

48 Vgl. Carter (2015), S. 3.

für eine erfolgreiche wirtschaftliche Entwicklung sei.[49] Das Vorliegen von externen Effekten durch Lernen könne dazu führen, dass eine sich entwickelnde Ökonomie es versäumt, sich zu diversifizieren hin zu nicht traditionellen fortschrittlicheren Produktionsbereichen. Bei der Transformation von Entwicklungs- zu entwickelten Ländern spielt der Wandel von einer Wirtschaft, die vornehmlich auf Landwirtschaft für den eigenen Bedarf ausgerichtet ist, hin zu moderneren Industriezweigen eine wichtige Rolle. Denn wenn Arbeitskräfte und Kapital von der Landwirtschaft in die Industrie verlagert werden, führt dies in der Regel zu höherer Produktivität, höherer Beschäftigung und höheren Löhnen, wodurch wiederum Armut reduziert wird.[50]

3.2.1 Learning by Doing

Learning by Doing Effekte können dafür sorgen, dass die Produktivität in der industriellen Produktion steigt. Das Wissen über Produktion entsteht dabei als Nebenprodukt der solchen. Der Nutzen dieses Wissens geht aber über den des jeweiligen produzierenden Markteilnehmers hinaus, da durch lokalen Informationsaustausch und das Beobachten der Produktion durch Dritte ganze lokale Produktionszweige vom Learning by Doing einzelner profitieren können.[51] Laut Kenneth Arrow ist Learning by Doing ein zentraler Faktor für langfristiges Wachstum.[52] Arrow stellt heraus, dass Lernen, definiert als Aneignung von Wissen („aquisitition of knowledge"), unweigerlich mit Erfahrung zusammenhängt. Denn Lernen findet dann statt, wenn Lösungen für Probleme gesucht werden, also nur im Zuge von Aktivität. Das daraus entstehende Wissen sei wiederum ein ganz entscheidender Faktor für ökonomische Entwicklung und Wachstum.[53] Eine weitere allgemeine Aussage, die man nach Arrow über das Lernen treffen kann, ist, dass Lernen in Zusammenhang mit der Wiederholung ähnlicher Probleme einen stark abnehmenden Ertrag hat. Um das Lernniveau hoch zu halten, muss der Lernende sich folglich immer neuen Erfahrungen mit anderen Problemen aussetzen. Technologischer Wandel, so Arrow, entsteht dadurch,

---

49 Vgl. Rodrik (2007), S. 46-47.

50 Vgl. Villanger; Berge (2015), S. 28.

51 Vgl. Stokey (1988), S. 702.

52 Vgl. Levitt et al. (2013), S. 644.

53 Vgl. Arrow (1962), S. 155

dass bei diversen Produktionsaktivitäten über die Zeit die besten Lösungen zu den dabei auftretenden Problemen gefunden werden.[54] Die kumulierten Investitionen sind dabei die treibende Kraft, mehr lehrreiche Erfahrungen zu sammeln. Arrow geht dabei auch explizit auf den Zusatznutzen von Investitionen ein: „[...] the presence of learning means that an act of investment benefits future investors, but this benefit is not paid for by the market", woraus er folgert, dass das Investitionsniveau unter dem aus sozialer Sicht optimalen liegt.[55] Eine Ausweitung des Investitionsniveaus und der Produktion kann also zu einem Produktivitätsfortschritt führen.

3.2.2 Externe Effekte im Zusammenhang mit Humankapital

Die Förderung von physischen Investitionen kann zu gesteigerten Investitionen in Humankapital führen. Dies kann beispielsweise dadurch begründet werden, dass bei der Anwendung neuer Technologien mehr Arbeitnehmer mit einem spezifischen Know-how benötigt werden und daher weiter ausgebildet werden. Auch die Schaffung von neuen Arbeitsplätzen durch Investitionen in physisches Kapital kann Investitionen in Humankapital für potentielle Arbeitnehmer in der spezifischen Region lohnender machen. Daraus können dann horizontale Spillover-Effekte resultieren, da Markteilnehmer, die auf einer ähnlichen Marktstufe agieren wie das von der Investition betroffene Unternehmen, ebenfalls von den qualifizierteren Arbeitern profitieren.[56]

Darüber hinaus argumentieren Azariadis und Drazen, dass externe Effekte im Zusammenhang mit Humankapital durch das Erreichen eines bestimmten Schwellenwerts entstehen können. Die zugrundeliegende Idee dabei ist, dass ein bestimmtes Niveau von Humankapital erreicht werden muss, damit es entweder einfacher wird, neues Wissen zu erlangen, oder eine Schwelle an Humankapital überschritten werden muss, damit es einen starken Anstieg an Produktionsmöglichkeiten gibt. Beispielsweise kann man sich vorstellen, dass zunächst elementare Investitionen in die Bildung getätigt werden müssen, damit grundlegende Kompetenzen erworben werden können, die eine Aneignung von weiterem Wissen stark vereinfachen. Entscheidend für den externen Effekt sei dabei, dass eine kritische Masse an Humankapital erreicht werden

54 Vgl. ebenda, S. 156.

55 Vgl. ebenda, S. 168.

56 Vgl. Barder; Talbot (2015), S. 4.

muss, woraus ein Entwicklungsschub entstehen kann.[57] Führt eine Förderung von Investitionen in physisches Kapital zu einem Anstieg von Investitionen in Humankapital, könnte dies durch die Erreichung eines Schwellenwertes entwicklungsrelevante Effekte auslösen.

3.2.3 Entdeckung der Kostenstruktur

Bei externen Effekten, die aus dem Lernen über die Kostenstruktur eines Landes entstehen, profitieren Marktteilnehmer, die zu einem späteren Zeitpunkt in den Markt eintreten, von den Lerneffekten der amtierenden Marktteilnehmer.[58] Den Entwicklungsprozess einer Volkswirtschaft beschreibt Rodrik als maßgeblich durch einen Strukturwandel charakterisiert, in dem das jeweilige Land herausfinden muss, in welchen der verschiedenen Produkte und Prozesse, die anderenorts schon existieren, es gut sein kann.[59] Die traditionellen Produktionsbereiche, wie etwa der Anbau von Baumwolle oder Zuckerrüben, sind auf internationalen Märkten in der Regel wenig profitabel und reichen nicht aus, um breite Bevölkerungsschichten zu versorgen.[60] Um wirtschaftliche Entwicklung voranzutreiben, müssen daher neue produktive Ideen entstehen. Um jedoch herauszufinden, welche Produkte und Dienstleistungen in einem bestimmten Entwicklungsland so kostengünstig produziert werden können, dass dies profitabel ist, muss auf einer lokalen Ebene mit verschiedenen Produktlinien herumexperimentiert werden. Diesen Prozess nennen Hausmann und Rodrik „self-discovery", da es darum geht, die Kostenstruktur der jeweiligen Volkswirtschaft zu entdecken. Dafür ist es notwendig, kreativ mit den Technologien etablierter internationaler Hersteller umzugehen und diese an die lokalen Gegebenheiten anzupassen.[61]

Stellt man sich die Frage, ob es lohnend ist, die Entdeckung der Kostenstruktur voranzutreiben, wird schnell deutlich, dass hier die individuelle und die kollektive Rationalität auseinanderfallen. Schlägt ein Investor mit der Umsetzung einer neuen Produktlinie fehl, so trägt er allein

57 Vgl. Azariadas; Drazen (1990), S. 503-504; 513.

58 Vgl. Hausmann; Rodrik (2003), S.605.

59 Vgl. Rodrik (2007), S. 77.

60 Vgl. ebenda, S. 76.

61 Vgl. Hausmann; Rodrik (2003), S. 628-629.

die Kosten seines Vorhabens.[62] Dass es bei so einem Entdeckungsverfahren zu Fehlschlägen kommt, liegt in der Natur der Sache. Ist er jedoch erfolgreich, können weitere Investoren mit einem deutlich geringeren Risiko seinem Beispiel folgen und so von der Entdeckung profitieren. Dies führt wiederum dazu, dass der individuelle Profit des erfolgreichen Entdeckers reduziert wird.[63] Ähnlich wie bei Learning by Doing-Effekten profitieren bei der Entdeckung der Kostenstruktur also auch die Konkurrenten der durch ihre Erfahrung lernenden Akteure. Demnach werden in Entwicklungsländern zu wenig neue produktive Ideen umgesetzt, weil neue Aktivitäten für Investoren nicht profitabel genug sind.[64] Dabei ist zu beachten, dass bei der Suche nach neuen produktiven Ideen nicht dasselbe gemeint ist, was man klassischerweise unter Innovation oder Forschung und Entwicklung versteht, da es nicht darum geht, neue Produkte zu erfinden, sondern herauszufinden, welche anderswo bereits existierenden Produkte im eigenen Land kostengünstig hergestellt werden können. Das erfordert zwar ein experimentierfreudiges Verhalten und ein kreatives Anpassen bereits existierender Technologien, ist in der Regel jedoch nicht patentierbar.[65] Dies kann an einem Beispiel verdeutlicht werden. Die Idee, äthiopisches Saatgut für Kaffee in den Hügeln Zentralamerikas einzupflanzen, hat zwar hoch relevante Entwicklungen angestoßen hat, ist jedoch viel zu allgemein, um patentiert werden zu können.[66]

Gerade die Tatsache, dass in vielen dieser Länder ein bestimmter Produktionszweig stark im Vordergrund steht, sieht Rodrik als Beleg dafür an, dass zufällig geglückten Fällen von „self-discovery" eine Reihe nachahmender Investoren folgen. Demnach können ganze Industriezweige aus dem experimentierfreudigen Verhalten einzelner Akteure entstehen.[67] [68]

---

62 Vgl. Rodrik (2007), S. 105.

63 Vgl. Villanger; Berge (2015), S. 17.

64 Vgl. Rodrik (2007), S.101.

65 Vgl. ebenda, S. 76-77.

66 Vgl. ebenda, S. 77.

67 Vgl. ebenda, S. 105

68 An anderer Stelle wird ein ähnlicher Prozess wie die „self-discovery" unter dem Begriff Demonstrationseffekte angeführt (vgl. Barder; Talbot (2015), S. 4). Damit ist gemeint, dass die Rentabilität eines realisierten Investitionsprojektes anderen privaten Investoren zeigt, dass ein bestimmter Sektor in einer

Durch den Einsatz von Blended Finance ist also nicht nur beabsichtigt, einzelne Projekte zu finanzieren, die ohne den öffentlichen Beitrag nicht zu Stande gekommen wären, sondern privaten Investoren Sektoren und Länder vorzustellen, in die sie sonst nicht investiert hätten. Im Zusammenhang mit Blended Finance wird häufig die Hoffnung formuliert, dass private Investoren als Folge einer Subventionierung einiger Investitionsprojekte in der Zukunft ähnliche Projekte umsetzten, auch ohne Subvention.[69]

Zusätzlich zu den drei Typen von externen Effekten, die Rodrik hervorhebt, können durch private Investitionen in Entwicklungsländern weiterhin positive externe Effekte in Form von Agglomerationseffekten und vertikalen Spillover-Effekten ausgelöst werden. Diese werden in den beiden folgenden Abschnitten dargelegt.

3.2.4 Agglomerationseffekte

Gerade wenn vermehrte Investitionen in einer Region in einem bestimmten Bereich getätigt werden, können Agglomerationseffekte entstehen. Kline und Moretti definieren Agglomerationseffekte als externe Effekte, die aus sozialen Interaktionen und Lernen resultieren oder daraus, dass durch dichtere Märkte die Suchkosten reduziert werden (thick market effekt).[70] Dazu kommt es, wenn sich Unternehmen, die einem ähnlichen Industriezweig angehören, sich vermehrt in derselben Region ansiedeln. Obwohl es sich bei den jeweiligen Unternehmen um Konkurrenten handelt, können sie auch voneinander profitieren, beispielsweise indem sie sich eine gewisse Infrastruktur schaffen, ähnliche Investoren und qualifizierte Arbeitskräfte und günstigere Zulieferer anziehen.[71] Dadurch ergibt sich eine weitere Möglichkeit, wie Investoren von den Investitionen ihrer Konkurrenten profitieren können. Die Spillover-Effekte, die dabei entstehen, sind in der Regel horizontaler Natur, da von Investitionen profitiert wird, die auf einer ähnlichen Marktstufe agieren. Dabei wird deutlich, dass sich Agglomerationseffekte zu Teilen mit Learning by Doing-Effekten und externen Effekten, die im Zusammen-

bestimmten Region profitabel ist, was wiederum zu einem Crowding-in weiterer Investitionen führen kann.

69 Vgl. Carter (2015), S. 24.

70 Vgl. Kline; Moretti (2014), S. 278-279.

71 Vgl. Villanger; Berge (2015), S. 17

hang mit Humankapital entstehen, überschneiden. Darüber hinaus werden durch Agglomerationseffekte weitere Vorteile, die aus der Verdichtung von Industrien in einzelnen Regionen entstehen, hervorgehoben.

3.2.5 Vertikale Spillover-Effekte

Ein weiterer externer Effekt könnte in vertikalen Spillover-Effekten bestehen. Während bei horizontalen Spillover-Effekten Unternehmen profitieren, die auf derselben Marktstufe agieren wie das investierende Unternehmen, sind bei vertikalen Spillover-Effekten Unternehmen, die auf einer anderen Marktstufe agieren, die Nutznießer. Horizontale Spillover-Effekte, die bereits in den vorangehenden Abschnitten zur Sprache gekommen sind, werden hier nicht näher herausgestellt, da es sich dabei sowohl um Learning by Doing-Effekte, um externe Effekte im Zusammenhang mit Humankapital, um die Entdeckung der Kostenstruktur als auch um Agglomerationseffekte handeln kann und sie daher bereits abgedeckt sind. Vertikale Spillover-Effekte bringen hingegen noch einen neuen Aspekt in die Debatte. Darunter versteht man, dass Unternehmen, die auf einer nachgeordneten Marktstufe agieren, durch vermehrte Investitionen auf bessere oder günstiger produzierte Inputs zurückgreifen können, beziehungsweise dass die Inputs, hergestellt von Unternehmen auf einer vorgelagerten Marktstufe, stärker nachgefragt werden.[72]

Wenn transnationale Konzerne in ihre Kapazitäten in Entwicklungsländern investieren, kann dies insbesondere vertikale Spillover-Effekte für heimische Unternehmen auslösen. Letztere werden durch die Investitionen der transnationalen Konzerne unter Umständen zu Investitionen in ihre eigenen Kapazitäten angeregt, wodurch Schneeballeffekte ausgelöst werden können.[73] Bei ausländischen Direktinvestitionen treten seltener horizontale Spillover-Effekte auf, da die internationalen Konzerne häufig eher in der Lage sind, ihr Wissen zu schützen und keinen Anreiz haben, es an nationale Konkurrenten weiterzugeben. Dennoch fragen sie häufig lokale Zwischenprodukte nach, so dass positive externe Effekte insbesondere in Form von rückwärtsgerichteten vertikalen Spillover-Effekten entstehen.[74]

Die Kanäle, durch die die rückwärtsgewandten vertikalen Spillover-Effekte in Bezug auf Zulieferer entstehen, sind direkter Wissenstransfer

---

72 Vgl. Barder; Talbot (2015), S. 4.

73 Vgl. Gad; Ellmers (2007), S. 9

74 Vgl. Javorcik (2004), S. 606.

und erhöhte Anforderungen an die Qualität der zugelieferten Produkte sowie an pünktliche Lieferung. Dies schafft wiederum Anreize für Verbesserungen im Produktionsmanagement und führt zu einer gesteigerten Nachfrage nach intermediären Inputs, durch die lokale Anbieter über Skaleneffekte profitieren können.[75]

Beim Betrachten der verschiedenen externen Effekte, die durch private Investitionen in Entwicklungsländer entstehen können, wird deutlich, dass insbesondere Lernen im Vordergrund steht. Zwar lassen sich Agglomerationseffekte und vertikale Spillover-Effekte nicht gänzlich auf die drei dargestellten Arten von externen Effekten durch Lernen nach Rodrik reduzieren, dennoch scheint auch hier Wissenstransfer eine wichtige Rolle zu spielen.

Verursachen private Investitionen in Entwicklungsländern positive externe Effekte, kann dies dazu führen, dass das Investitionsniveau auf einem ineffizient niedrigen Niveau verharrt.

---

[75] Vgl. ebenda, S. 607-608.

3.3 Spannungsfelder bei der Umsetzung

3.3.1 Theoretische Implikationen für die Anwendung

Wie in 3.2 dargelegt wurde, spricht vieles dafür, dass private Investitionen in Entwicklungsländern positive externe Effekte verursachen. Es gibt verschiedene wirtschaftspolitische Möglichkeiten, auf ein aufgrund von positiven externen Effekten suboptimales Ergebnis korrigierend einzuwirken. In der Regel soll dies dadurch gelingen, dass der soziale Zusatznutzen, den die handelnden Wirtschaftssubjekte verursachen, zumindest teilweise in deren privatem Nutzenkalkül Rechnung trägt. Mit anderen Worten, die externen Effekte sollen internalisiert werden.[76] Eine Subventionierung von privaten Investitionen, wie sie die Anwendung von Blended Finance impliziert, würde den privaten Nutzen der Investoren steigern. Die externen Effekte würden dabei insofern internalisiert, als dass die Investoren für den gesamtgesellschaftlichen Nutzen, den sie durch ihre Investitionen stiften, monetär kompensiert werden. Ziel ist, dass der gesellschaftliche Nutzen der Investition auch in ihre privaten Nutzenfunktionen einbezogen wird.

Eine Möglichkeit zur Internalisierung externer Effekte stellt die sogenannte Pigou-Lösung dar. Nach der Pigou-Lösung wäre es im Fall von positiven externen Effekten geboten, den Verursachern derselben Subventionen zukommen zu lassen. Und zwar genau in der Höhe, die dazu führt, dass der soziale und der private Grenznutzen identisch sind.[77] Der Anbieter (in diesem Fall der Investor) wird demnach pro Mengeneinheit subventioniert. Die Höhe des Subventionssatzes sollte dabei so gewählt werden, dass sie dem Abstand zwischen dem privaten und sozialen Grenznutzen entspricht. Eine Subvention in Höhe des externen Effektes führt dann dazu, dass sich die Angebotskurve nach unten verschiebt. Dadurch verändert sich das Marktgleichgewicht so, dass die angebotene Menge (in diesem Fall von Investitionen) auf das aus gesellschaftlicher Sicht optimale Niveau ansteigt.[78]

In der Praxis ergeben sich bei der Anwendung der Pigou-Subvention verschiedene Probleme, da dabei vorausgesetzt wird, dass der subventionierenden Instanz die exakte Höhe der externen Effekte sowie die Reaktionen der Marktteilnehmer auf die Preisänderungen bekannt sind. Ist

---

76 Vgl. Fritsch (2014), S. 99.

77 Vgl. ebenda, S. 108.

78 Vgl. ebenda, S. 109.

dies nicht der Fall, führt die Pigou-Subvention auch nicht zu einem effizienten Ergebnis.[79] In Hinblick auf die externen Effekte durch Investitionen in Entwicklungsländern wird schnell deutlich, dass schon die genaue Bestimmung der externen Effekte ein wenig realistisches Ziel ist. Externe Effekte, die durch Entdeckung der Kostenstruktur ausgelöst werden, entstehen beispielsweise zeitlich versetzt und zum Zeitpunkt der Subventionierung kann kaum bekannt sein, welches Ausmaß sie langfristig annehmen können, beziehungsweise für welchen Zeitraum der externe Effekt berechnet werden soll. Auch bei anderen Lerneffekten scheint es kaum möglich zu sein, genau zu erkennen, wer in welchem Maße von dem gewonnenen Wissen profitiert. Etwa bei Learning by Doing-Effekten ist schwer vorstellbar, wie das durch eine Investition gewonnene Lernen und der daraus resultierende Produktivitätsgewinn quantifiziert werden können, unter anderem, da es sehr unterschiedliche Formen annehmen kann. Darüber hinaus scheint es unmöglich, den Anteil festzustellen, zu dem der aus dem Lernen resultierende Nutzen „extern" ist, da zu Teilen natürlich auch das produzierende Unternehmen profitiert.

Praktisch kann daher lediglich eine Annäherung an das ideale Ergebnis der Pigou-Lösung erfolgen.[80] Dennoch kann aus der Auseinandersetzung mit der Pigou-Subvention eine wichtige Implikation für die vorliegende Analyse gezogen werden. Und zwar, dass es aus theoretischer Sicht optimal ist, genau in der Höhe des auftretenden externen Effektes zu subventionieren. Dementsprechend würde es Sinn ergeben, Subventionen insbesondere dort einzusetzen, wo die positiven externen Effekte besonders hoch sind.

Bezüglich der externen Effekte, die im Zusammenhang mit Investitionen in Entwicklungsländern entstehen, gibt es Gründe dafür anzunehmen, dass diese umso höher sind, je niedriger das Niveau der wirtschaftlichen Entwicklung der jeweiligen Volkswirtschaft ist. Wie bereits beschrieben, stehen bei Subventionen in Entwicklungsländern positive externe Effekte in Zusammenhang mit Lernen im Vordergrund. Sowohl bei externen Effekten, die aus Learning by Doing resultieren, als auch bei solchen, die aus dem Verfahren der Entdeckung der Kostenstruktur entstehen, ist es plausibel anzunehmen, dass diese abnehmen, wenn das Niveau der wirtschaftlichen Entwicklung steigt.

79 Vgl. Roth (2016), S. 176.

80 Vgl. ebenda.

Bei externen Effekten in Zusammenhang mit Learning by Doing entsteht das relevante Lernen durch Erfahrung bei der Suche nach Problemen für Lösungen. Dabei nimmt der Grad des Lernens sehr stark ab, wenn eine wiederholte Auseinandersetzung mit denselben Problemen stattfindet. Andersherum ist er dann besonders hoch, wenn Lösungen für ganz neue Probleme erarbeitet werden müssen.[81] Daraus ergibt sich, dass externe Effekte aus Learning by Doing dann besonders hoch sind, wenn noch viel Raum für neue Erfahrungen besteht. Man kann sich also gut vorstellen, dass in einem Land, in dem noch ganz neue Industriezweige ausprobiert werden, das Potential für externe Effekte dieser Art besonders hoch ist.

Bei der Entdeckung der Kostenstruktur geht es darum, herauszufinden, welche Produkte und Dienstleistungen im eigenen Land hinreichend kostengünstig hergestellt werden können, um profitabel zu sein. Dafür ist es notwendig, mit den Technologien international etablierter Hersteller zu experimentieren und sie an die lokalen Gegebenheiten anzupassen. Aus Rodriks Beschreibung des Prozesses der Entdeckung der Kostenstruktur geht hervor, dass es dabei um Imitation und Adaption geht.[82] Acemoglu et al. zeigen, dass je näher eine Volkswirtschaft sich dem technologischen Spitzenniveau (der „technology fronier") angleicht, desto kleiner der Spielraum für Imitation und Adaption wird.[83] Die Autoren unterscheiden zwischen zwei verschiedenen Strategien für die Wirtschaftsförderung. Für Volkswirtschaften, die sich in einem vergleichsweise niedrigen Gleichgewichtszustand befinden, bietet sich eine vorwiegend investitionsbasierte Strategie an. Diese ist gekennzeichnet durch Langzeit-Beziehungen zwischen Unternehmern und Finanzierern und durch Schutz und Förderung von Unternehmern. So soll das Investitionsniveau maximiert werden. Je mehr sich eine Volkswirtschaft aber dem Niveau der internationalen Spitzentechnologie annähert, desto teurer wird die mit dem investitionsbasierten Ansatz einhergehende fehlende Selektion. Ab einem gewissen Entwicklungsniveau bietet sich daher eine innovationsbasierte Strategie an, in der insbesondere die Förderung weniger erfolgreicher Unternehmer (im Vergleich zur investitionsbasierten Strategie) nicht mehr zum Tragen kommt.[84] Die Aus-

81 Vgl. Arrow (1962), S. 155-156.

82 Vgl. Rodrik (2007), S. 105.

83 Vgl. Acemoglu et al. (2006), S. 68.

84 Vgl. ebenda, S. 38-39.

wahl von hochqualifizierten Unternehmern ist insbesondere für Innovation wichtig, weniger aber für Adaption. Es lässt sich also zusammenfassen: je näher sich eine Volkswirtschaft an dem Niveau der internationalen Spitzentechnologie befindet, desto höher wird die für das Produktivitätswachstum relative Bedeutung von Innovation im Vergleich zu Imitation und Adaption.[85] Acemoglu et al. folgern daraus, dass Politikmaßnahmen wie antikompetitive Policies oder auch Investitionssubventionen für Volkswirtschaften in frühen Entwicklungsstadien wichtig seien, bei weiter entwickelten Ökonomien jedoch mehr Schaden als Nutzen anrichten können.[86] Diese Argumentationsstruktur suggeriert, dass die breite Förderung von Investitionen desto sinnvoller ist, umso niedriger das jeweilige Entwicklungsstadium einer Volkswirtschaft ist. Spezifische Lerneffekte durch experimentierfreudiges Investieren scheinen also dann hoch zu sein, wenn das Technologie-Niveau eines Landes noch weit hinter dem internationalen Spitzenniveau zurückbleibt. Daher liegt nahe, dass externe Effekte durch Lernen in weniger entwickelten Ländern besonders hoch sind.

Darüber hinaus schlägt Rodrik als First-Best Politikmaßnahme, die sich aus externen Effekten in Zusammenhang mit der Entdeckung der Kostenstruktur ergibt, vor, Investitionen in neue Industrien zu fördern, da insbesondere durch neue Wege Entdeckungen zu Stande kommen können.[87] Die selbe Empfehlung lässt sich auch aus der Betrachtung von externen Effekten durch Learning by Doing herleiten. Zusammenfassend kann also festgehalten werden: positive externe Effekte von Investitionen scheinen in weniger entwickelten Ländern und neuen Investitionsbereichen besonders hoch zu sein. Nach der Theorie der Pigou-Subventionierung würde daraus folgen, dass dort auch besonders hoch subventioniert werden sollte.

3.3.2 Tatsächliche Anwendung

Wo und wie und in welchem Ausmaß Blended Finance im Detail angewendet wird, ist kaum zu ermitteln, unter anderem, da verschiedene Quellen von verschiedenen Definitionen von Blended Finance ausgehen.[88] Hinzu kommt, dass keine einheitlichen Reporting-Standards existieren, dass Daten, die unterschiedliche Akteure zur Verfügung stellen,

85 Vgl. ebenda, S. 68.

86 Vgl. ebenda, S. 64-65.

87 Vgl. Rodrik (2007), S. 106.

88 Vgl. Pereira (2017), S. 13.

nicht miteinander vergleichbar sind, beziehungsweise dass viele Finanzinstitutionen, die für die Durchführung von Blended Finance verantwortlich sind, erst gar keine aussagekräftigen Daten zur Verfügung stellen.[89]

Doch trotz der schwierigen Datengrundlage lassen sich klare Tendenzen bei der Anwendung festmachen. In einem Bericht des Bretton Woods Projekts werden die Aktivitäten der Internationalen Finanz-Corporation (International Finance Corporation - IFC) untersucht, die innerhalb der Weltbankgruppe schwerpunktmäßig für die Förderung des Privatsektors zuständig ist und einen zentralen Akteur im Bereich Mobilisierung privater Investitionen darstellt.[90] Das Ergebnis lautet, die IFC würde großenteils bestehende Investitionen replizieren; insbesondere Länder mit mittlerem Einkommen[91] und kaum Projekte in Ländern mit niedrigem Einkommen[92] fördern sowie schwerpunktmäßig diejenigen Bereiche, an denen insbesondere internationale Investoren ohnehin schon interessiert sind, nämlich den Finanzsektor und den Bereich Infrastruktur.[93] Ein Blick in den Jahresbericht der IFC bestätigt dieses Bild. Die Hauptempfänger in 2016 waren demzufolge Indien, die Türkei, China und Brasilien.[94] Die OECD veröffentlichte 2016 eine Studie über Mittel des Privatsektors, die durch offizielle Entwicklungsfinanzierung mobilisiert wurden.[95] Die Angaben der Studie beruhen auf einem Fragebogen, der an 71 Institutionen ging, die Blended Finance anwenden. Von den insgesamt 56 antwortenden Institutionen konnten jedoch nur 29 umfassende analysierbare Daten liefern.[96] Die Studie kommt zu dem Ergebnis, dass zwischen 2012 und 2014 durch den Einsatz von Garantien,

89 Vgl. Tew; Caio (2016), S. 5.

90 Vgl. Griffith (2012).

91 Länderkategorisierung nach Bruttonationaleinkommen siehe Angang, S. 75.

92 Länderkategorisierung nach Bruttonationaleinkommen siehe Angang, S. 75.

93 Vgl. Griffith (2012) S. 9.

94 Vgl. International Finance Corporation (Hrsg.) (2016), S. 34.

95 Vgl. Benn et al. (2016).

96 Vgl. ebenda, S. 6-7.

syndizierten Krediten[97] und Anteilen an kollektiven Anlageinstrumenten[98] in der öffentlichen Entwicklungsfinanzierung insgesamt 36,4 Milliarden USD an privatem Kapital mobilisiert wurden. 72% davon gingen an Ländern mit mittlerem Einkommen, davon 32% an Länder mit mittlerem Einkommen im unteren Bereich und 41% an Länder mit mittleren Einkommen im oberen Bereich.[99] Nur 11% ging an die am wenigsten entwickelten Länder[100] und an andere Länder mit niedrigem Einkommen.[101] Der Top-Empfänger war die Türkei gefolgt von Chile, Indien, Pakistan, Serbien, der Elfenbeinküste, China, Brasilien Jordanien und Ghana. Zusammengenommen haben diese zehn Länder etwa ein Drittel der totalen mobilisierten privaten Mittel erhalten.[102] Dabei ist jedoch zu beachten, dass hier die mobilisierten privaten Mittel gemessen wurden und nicht die dafür eingesetzten öffentlichen Mittel. Mobilisierung bedeutete im Kontext der Studie, inwieweit die untersuchten Instrumente die Allokation von privatem Kapital in den gemeinsam finanzierten spezifischen Projekten beeinflusst haben, wobei sich die Methoden zur Bemessung des mobilisierten Kapitals unter den verschiedenen Institutionen unterscheiden und im Detail nicht erläutert werden. Ob der öffentliche Beitrag tatsächlich die Ursache für die Beteiligung der privaten Investoren war, unterlag dabei einer nicht näher beschriebenen subjektiven Beurteilung.[103] Auch wenn die Ergebnisse der Studie keine genauen Aussagen darüber zulassen, wo und in welchem Umfang Blended Finance angewandt wird, scheint sie dennoch die starke Tendenz widerzuspiegeln, dass sich die Mobilisierung von privaten Investitionen vorranging auf Länder mit mittlerem Einkommen konzentriert.

In einem Bericht für das European Network on Debt and Development untersucht Kwakkenbos die Portfolios der größten multilateralen Ent-

---

97 Damit ist gemeint, dass eine Gruppe von Kreditgebern einen gemeinsamen Kredit an einen Kreditnehmer vergibt, mit dem Ziel sich das Risiko des Kredits zu teilen (vgl. Benn et al. (2016), S. 24).

98 Dabei handelt es sich um Anlageinstrumente, bei denen Investoren ihr Kapital bündeln und gemeinsam in ein Portfolio mit unterschiedlichen Projekten investieren können. Je nach Instrument können sich dabei die Risiko-Rendite Profile verschiedener Anteile unterscheiden (vgl. Benn et al. (2016), S. 25).

99 Länderkategorisierung nach Bruttonationaleinkommen siehe Angang, S. 75.

100 Länderkategorisierung nach Bruttonationaleinkommen siehe Angang, S. 75.

101 Vgl. Benn et al. (2016) S. 12.

102 Vgl. ebenda.

103 Vgl. ebenda, S. 8; 22.

wicklungsorganisationen, die öffentliche Mittel zur Förderung von privaten Investitionen einsetzen, sowie von sechs bilateralen Entwicklungsfinanzierungsinstituten (aus Dänemark, Belgien, den Niederlanden Norwegen, Spanien und Schweden).[104] Er stellt dabei fest, dass die Anwendung von Blended Finance auch in Ländern mit niedrigem Einkommen gestiegen ist. So hat das niederländische Entwicklungsfinanzierungsinstitut FMO seine Mittel für Länder mit niedrigem Einkommen zwischen 2006 und 2010 nahezu verdoppelt, während das belgische Entwicklungsfinanzierungsinstitut BIO seine Mittel für diese Ländergruppe verdreifacht hat.[105] Trotz der bereits beschriebenen Konzentration auf Länder mit mittlerem Einkommen hat auch die IFC ihre für Länder mit niedrigem Einkommen verwendeten Mittel zwischen 2000 und 2010 vervierfacht. Dennoch stellt auch Kwakkenbos fest, dass bei den untersuchten Institutionen unter dem Strich insgesamt ein starker Fokus auf der Förderung von Ländern mit mittlerem Einkommen liegt.[106]

Damit wird eine Diskrepanz deutlich zwischen der praktischen Anwendung von Blended Finance auf der einen Seite und den theoretischen Implikationen, die in dem vorangehenden Abschnitt 3.3.1 hergeleitet wurden, auf der anderen Seite. Da entwicklungsrelevante externe Effekte insbesondere durch Investitionen in sehr gering entwickelten Ländern in möglichst dort neuen Bereichen entstehen, folgt, dass dort dementsprechend auch besonders hohe Subventionen angebracht wären. Tatsächlich werden aber ohnehin schon recht beliebte Projekte in Ländern mit mittlerem Einkommen gefördert. Im folgenden Abschnitt wird ein Erklärungsversuch für diese diskutierenswerte Priorisierung vorgenommen.

3.3.3 Mögliche Gründe für Diskrepanz

Im Zusammenhang mit Blended Finance wird, angesichts der sehr hohen bestehenden Finanzierungslücke der SDGs, häufig das Ziel formuliert, so viele private Mittel wie möglich zu mobilisieren.[107] Dies scheint in der Praxis häufig mit der Motivation einherzugehen, insbesondere dort Investitionen zu subventionieren, wo möglichst viele private Investoren leicht dazu zu bringen sind, sich mit möglichst hohen Beträgen an den entsprechenden Projekten zu beteiligen. Dabei scheint unter den

---

104 Vgl. Kwakkenbos (2012), S. 3.

105 Vgl. ebenda, S. 14.

106 Vgl. ebenda.

107 Vgl. Carter (2015), S. 3.

Gebern ein regelrechter Wettbewerb ausgebrochen zu sein, möglichst hohe sogenannte Leverage-Ratios zu erzielen. So gibt beispielsweise die CDC, die Entwicklungsfinanzinstitution des Vereinigten Königreichs, an, dass jeder USD, den sie 2015 in Blended Finance investiert hat, zusätzliche 4,5 USD eingebracht hat, wovon 3,5 USD privates Kapital darstellten.[108] Die schweizerische Entwicklungsfinanzierungsgesellschaft SIFEM gab hingegen an, dass sie zwischen 2014 und 2016 etwa 10 USD an privatem Kapital pro eingesetztem USD mobilisiert hat[109] und die IFC sowie die europäische Kommission geben sogar an, dass sich ihr eingesetztes Kapital verzwanzigfacht habe.[110]

Dabei gibt es keinen allgemeingültigen Standard, wie solche Leverage-Ratios zu berechnen sind, wodurch ihre Aussagekraft stark eingeschränkt ist und die verschiedenen Verhältnisse auch nicht sinnvoll miteinander vergleichbar sind. Eine gängige Methode besteht darin, den monetären Gesamtwert einer Investition, an der private Investoren und Geberregierungen beteiligt sind, durch den von der Geberregierung eingesetzten ODA-Betrag zu teilen.[111] Durch Blended Finance soll das Risiko-Rendite Profil einer Investition so verbessert werden, dass es profitabel genug ist, um von privaten Investoren durchgeführt zu werden. Besonders hohe Leverage-Ratios werden demnach erzielt, wenn eine Geberregierung sich geringfügig an großen Investitionsprojekten beteiligt, die auch ohne den öffentlichen Beitrag schon zumindest recht nahe an der Rentabilität sind. Investitionen in vergleichsweise wenig entwickelten Volkswirtschaften sind in der Regel mit einem deutlich höheren Risiko behaftet, da das Umfeld ist häufig sehr instabil ist. Dementsprechend müsste der öffentliche Beitrag für die Subventionierung von Investitionsprojekten in gering entwickelten Ländern deutlich höher sein. Es müsste also mehr Geld in die Hand genommen werden und die Leverage-Ratios wären deutlich geringer. Dieser Zusammenhang liefert einen Grund dafür, warum Blended Finance insbesondere in Ländern mit mittlerem Einkommen und ohnehin schon recht populären Investitionsbereichen angewandt wird. Im Hinblick auf die Ergebnisse aus dem vorangehenden Abschnitt (3.3.2), dass positive externe Effekte insbeson-

---

108 Vgl. Tew; Caio (2016), S. 8.

109 Vgl Swiss Investment Fund for Emerging Markets (Hrsg.) (2016), S. 11.

110 Vgl. International Finance Corporation (Hrsg.) (2016), S. 10; vgl. Gotev (2015); vgl. Tew; Caio (2016), S. 8.

111 Vgl. Pereira (2017), S. 16.

dere in weniger entwickelten Regionen und neuen Investitionsbereichen auftreten, tut sich hier ein Spannungsfeld auf. Auf der einen Seite steht die Erreichung möglichst hoher Leverage-Ratios, auf der anderen Seite die Internalisierung der beschriebenen entwicklungsrelevanten externen Effekte. Diesen beiden Zielen liegen unterschiedliche Verständnisse von Kapitalmobilisierung zugrunde. Die Argumentation vieler Geberregierungen und deren Entwicklungsbanken suggeriert, dass eine hohe Leverage-Ratio gleichbedeutend ist mit einem hohen Mobilisierungseffekt. Die Logik dahinter ist einfach und einleuchtend, je höher der private Anteil an einem Investitionsprojekt, desto größer die Mobilisierung. Dabei werden jedoch die Zusatzeffekte, die durch die Subventionierung privater Investitionen in Entwicklungsländern entstehen können, außer acht gelassen. Eine Mobilisierung, die über externe Effekte funktioniert, kommt in einer Leverage-Ratio nicht zum Ausdruck. Würde der Fokus auf die Zusatzeffekte gelegt, würde eine Fokussierung auf Investitionsprojekte nahegelegt, deren Subventionierung vermutlich vergleichsweise hohe Summen benötigen würde. Neben den damit verbundenen höheren Kosten würde der direkte Mobilisierungseffekt, also der private Anteil an der spezifischen Investition im Vergleich zum öffentlichen Anteil, geringer ausfallen.

Darüber hinaus ergibt sich ein weiteres Spannungsfeld zwischen dem Versuch, möglichst hohe Leverage-Ratios zu erzielen und der angestrebten Additionalität der geförderten Investitionsprojekte. Denn gerade wenn die Leverage-Ratio besonders hoch ist, stellt sich die Frage, ob der öffentliche Beitrag für die Realisierung des Investitionsprojektes überhaupt notwendig gewesen sei.[112] Wenn dies nicht der Fall ist, ist das Prinzip der Additionalität verletzt. Werden für die Anwendung von Blended Finance Investitionsprojekte ausgewählt, die auch ohne die Förderung schon sehr nahe an der finanziellen Rentabilität sind, besteht eine höhere Gefahr, dass auch Projekte ausgewählt werden, die auch ohne Subvention kommerziell durchgeführt werden könnten. Auch von verschiedenen Nichtregierungsorganisationen wird daher die Additionalität privater Mittel im Zusammenhang mit Blended Finance in Frage gestellt.[113] Ist die Additionalität nicht gegeben, ist dies gleichbedeutend mit einer Verschwendung öffentlicher Entwicklungsgelder und kann

112 Vgl. Colla (2015), S. 1.

113 Vgl. European Network on Debt and Development (Hrsg.) (2014), S. 5; vgl. The Reality of Aid International Coordinating Committee (Hrsg.) (2012), S. 14.

weiterhin zu einem Crowding-out privater Finanzierer führen.[114] Damit ist gemeint, dass private Investoren durch die Investitionen der Geberregierungen verdrängt werden können.

Die beiden beschriebenen Spannungsfelder machen deutlich, dass Geberregierungen bei der Anwendung von Blended Finance einem Tradeoff gegenüberstehen: Das Ziel möglichst hohe Leverage-Ratios zu erzielen kann im Konflikt zu deren Förderauftrag stehen, zum einen, da Investitionsprojekte gewählt werden, bei denen nicht immer klar ist, ob sie tatsächlich eine Förderung benötigt hätten, zum anderen, weil schwerpunktmäßig nicht diejenigen Projekte gefördert werden, deren Subventionierung zur Internalisierung externer Effekte beitragen.

---

114 Vgl. Colla (2016), S. 4.

3.4 Zwischenfazit

Um festzustellen, ob die Subventionierung privater Investitionen in Entwicklungsländern durch Blended Finance einen Beitrag zur Erreichung der SDGs leisten kann, wurde dieser mögliche Beitrag zunächst konkretisiert. Zum einen entsteht durch die Subventionierung ein direkter Beitrag: sofern die Additionalität gegeben ist, werden zusätzliche private Mittel eingesetzt und die Förderung von Investitionen kann direkt zu wirtschaftlichem Wachstum beitragen. Im Rahmen der vorliegenden Arbeit steht jedoch ein möglicher Zusatzeffekt im Fokus, also die Frage, ob eine Mobilisierung zusätzlicher finanzieller Mittel durch positive externe Effekte gelingen kann. Wie herausgestellt wurde, können private Investitionen in Entwicklungsländern eine Reihe positiver externer Effekte auslösen. Dementsprechend kann eine Subventionierung von privaten Investitionen im Rahmen von Blended Finance zu einem effizienteren Bereitstellungsniveau führen. Die Internalisierung der externen Effekte kann dazu führen, dass entwicklungsrelevante Prozesse angestoßen werden, die im Endeffekt dazu führen können, dass mehr private Investitionen umgesetzt werden, wodurch zusätzliche Mittel, die zur Erreichung der SDGs beitragen, veräußert würden.

Jedoch gibt es gute Gründe, die dafür sprechen, dass die beschriebenen positiven externen Effekte insbesondere in Volkswirtschaften, die sich in einem frühen Stadium der wirtschaftlichen Entwicklung befinden, sowie in neuen Investitionsbereichen ausgelöst werden. Aus dieser Feststellung heraus könnte die Empfehlung formuliert werden, Blended Finance insbesondere dort anzuwenden. Tatsächlich lässt sich in der Praxis aber ein Anwendungsfokus auf weiter entwickelte Länder mit mittleren Einkommen und ohnehin schon beliebte Investitionsbereiche feststellen. Ein Grund dafür scheint darin zu liegen, dass häufig das Ziel im Vordergrund steht, Investitionsprojekte auszuwählen, die mit einem kleinen öffentlichen Beitrag und möglichst hohen privaten Summen durchgeführt werden können, da so eine hohe Leverage-Ratio entsteht. Dieser direkte Mobilisierungseffekt steht in einem Spannungsfeld zu einer Kapitalmobilisierung über Zusatzeffekte, die über positive externe Effekte gelingen könnte. Geberregierungen stehen hier also einem Trade-off gegenüber, welches ein Abwägen zwischen den direkten und den Zusatzeffekten erforderlich macht.

4 Ansatzpunkte und Maßnahmen zur Mobilisierung privater Investitionen

Die Analyse des vorangehenden Kapitels hat ergeben, dass Blended Finance derzeit vorrangig nicht in Bereichen und Regionen eingesetzt wird, in denen positive externe Effekte durch private Investitionen schwerpunktmäßig vermutet werden. Daraus zu schließen, dass es nicht notwendig sei, weiter über die Anwendungsmöglichkeiten von Blended Finance nachzudenken, würde die Relevanz des Themas jedoch verkennen. Zum einen liegt Blended Finance, wie in den Abschnitten 2.2 und 2.3 dargestellt wurde, im Trend. Die Anwendung durch Geberregierungen hat in den letzten Jahren zugenommen und es scheint keine Anzeichen dafür zu geben, dass sich diese Entwicklung nicht fortsetzt. Darüber hinaus ist die Förderung privater Investitionen ein fester Bestandteil des Umsetzungsplans für die Agenda 2030 und wird als solcher weiter verfolgt werden. Daher ist es sehr lohnend, genauer hinzuschauen, wie, also mit welchen Maßnahmen, private Investitionen mobilisiert werden können und welche Schwierigkeiten oder Vorteile die verschiedenen Maßnahmen mit sich bringen. Darüber hinaus wurde im vorangehenden Kapitel ebenfalls festgestellt, dass die Anwendung von Blended Finance sich zwar stark auf traditionelle Investitionsbereiche in Ländern mit mittlerem Einkommen konzentriert, jedoch auch die Förderung von Projekten in weniger entwickelten Regionen, wo externe Effekte durch private Investitionen eine Rolle zu spielen scheinen, zunimmt. Dort wo externe Effekte vorliegen, kann die Subventionierung privater Investitionen zu einer effizienteren Allokation führen. Daher wird es in den folgenden Kapiteln 4 und 5 um den zweiten Teil der Forschungsfrage gehen, also darum, welche Maßnahmen sich im Rahmen von Blended Finance für die Subventionierung privater Investitionen anbieten. Bevor die verschiedenen Maßnahmen in Kapitel 5 im Vergleich zueinander bewertet werden, werden in diesem Kapitel zunächst die verschiedenen Ansatzpunkte (4.1) und Maßnahmen (4.2) erläutert.

4.1 Risiko und Rendite als Entscheidungsgrundlage privater Investoren

Bei Blended Finance Maßnahmen geht es darum, Investitionsprojekte zu subventionieren, damit private Investoren diese durchführen. Dabei gibt es verschiedene Stellschrauben, um Investitionen für private Akteure hinreichend attraktiv zu gestalten. Grundsätzlich geht man davon aus, dass das Risiko-Rendite Profil als Entscheidungsgrundlage für private Investoren dient.[115] Das Risiko für Investitionen in Entwicklungsländern gilt als vergleichsweise hoch.

Ganz verschiedene Arten von Risiken sind dabei relevant, die in Anlehnung an eine vom WEF veröffentlichte Übersicht nachfolgend dargestellt werden.[116] Zunächst sind politische Risiken in Entwicklungsländern häufig besonders hoch. Dazu zählen beispielsweise Regierungsveränderungen, die Einfluss auf das rechtliche System haben können oder Risiken, entstehend durch innere Unruhen. Weiterhin bestehen makroökonomische Risiken, wie etwa starke Veränderungen von Zins- und Wechselkursen oder extreme Veränderungen der Warenpreise. Auch unvorhersehbare regulatorische Veränderungen, beispielsweise bezüglich der Einspeisetarife, können ein Risiko für die Wirtschaftlichkeit von Investitionsprojekten darstellen. Weiterhin können abhängig von der jeweiligen Investition hohe technologische Risiken bestehen, sowie operationelle Risiken, wie beispielsweise unzuverlässige unterstützende Infrastruktur, etwa in Bezug auf die Elektrizitätsversorgung.

Das, durch die in der Regel hohen Risiken vergleichsweise schlechte Risiko-Rendite Profil von Investitionen in Entwicklungsländern kann zum einen durch eine Verringerung des Risikos verbessert werden. Eine weitere Möglichkeit besteht darin, durch die Erhöhung der erwarteten Rendite, für das bestehende Risiko zu kompensieren.[117] Denn je höher das Risiko einer Investition ist, desto höher ist die aus Sicht der privaten Investoren erforderliche Rendite.[118] Die Rendite einer Investition ist dabei definiert als Verhältnis zwischen dem eingesetzten Kapital und der Summe der aus der Investition resultierenden Erträge.[119] Zum Zeitpunkt der Investitionsentscheidung ist die exakte Rendite in der Regel

---

115 Vgl. African Development Bank et al. (Hrsg.) (2015), S. 12.

116 Dieser Abschnitt folgt World Economic Forum (Hrsg.) (2013), S. 19.

117 Vgl. Development Initiatives (Hrsg.) (2016), S. 16.

118 Vgl. Ross et al. (2016), S. 382.

119 Vgl. ebenda, S. 385.

nicht bekannt. Daher dient die erwartete Rendite als Entscheidungsgrundlage.

4.2 Maßnahmen zur Mobilisierung privater Investitionen

Wie in Kapitel 2 bereits erläutert, gibt es keine einheitliche Definition für Blended Finance. Im Rahmen der vorliegenden Arbeit wird Blended Finance dahingehend konkretisiert, dass öffentliche Mittel von Geberregierungen dafür eingesetzt werden, Investitionen in Entwicklungsländern so zu subventionieren, dass sie für private Akteure hinreichend attraktiv sind. In den verschiedenen Quellen zu Blended Finance tauchen eine Vielzahl unterschiedlicher Maßnahmen und Eingruppierungen von Maßnahmen auf. Die Kategorien für die weitere Analyse im Rahmen der vorliegenden Arbeit sind angelehnt an ein Working-Paper des Center of Global Development von Barder und Talbot,[120] da diese die verschiedenen Ansatzpunkte der Maßnahmen präzise widerspiegeln. Dabei wird unterschieden zwischen Maßnahmen zur Abfederung von Risiken, der Subventionierung von Inputs sowie resultatabhängigen Förderungen.

4.2.1 Maßnahmen zur Abfederung von Risiken

Geberregierungen setzen verschiedene Maßnahmen zur Abfederung von Risiken ein. Einen wichtigen Vertreter dieser Kategorie stellen Garantien dar. Durch den Einsatz von Garantien werden Investitionsanreize gesteigert, indem ein Teil oder die gesamten Kosten, die beim Scheitern eines Investitionsprojektes auftreten, auf die Geberregierung übertragen werden.121 Demnach können Garantien als eine spezielle Form von Versicherung für finanzielle Transaktionen charakterisiert werden, bei der das Risiko der Nichteinhaltung der vereinbarten Transaktion an einen Garantiegeber transferiert wird.122

Es gibt sowohl Garantien, die gegen sämtliche Risiken absichern, als auch solche, die bestimmte Risiken oder nur einen bestimmten Anteil des Risikos einer Transaktion übernehmen. Im Kontext der Entwicklungsfinanzierung werden insbesondere zwei verschiedene Arten von Risiko durch Garantien abgesichert. Zum einen politische Risiken, worunter alle Regierungsaktivitäten zählen, die zur Nichteinhaltung der vereinbarten Zahlungen führen können, wie beispielsweise staatliche Enteignungen. Zum anderen kann das Kreditrisiko als solches abgesi-

---

120 Vgl. Barder; Talbot (2015), S. 5-10.

121 Vgl. ebenda, S. 6.

122 Vgl. Humphrey; Prizzon (2014), S. 10.

chert werden, also nicht oder verspätete Zahlungen der vereinbarten Beträge, unabhängig von den Gründen, die zum Scheitern der Transaktion beigetragen haben.[123]

Neben Garantien und sonstigen Formen von Versicherungen gibt es weitere Maßnahmen, die gezielt darauf hinwirken, das Risiko für Investoren zu senken, wie etwa Nachrangdarlehen oder strukturierte Fonds. Nachrangdarlehen werden im Falle eines Scheiterns des Investitionsprojektes hinter den Forderungen anderer Investoren zurückgestellt. Bei strukturierten Fonds übernehmen in der Regel die öffentlichen Gelder die Rolle eines Risikopuffers (als First-Loss-Tranche), so dass für private Akteure verschiedene weniger risikoreiche Anteile des Fonds zur Verfügung stehen.[124]

In der Praxis liegt ein großer Schwerpunkt auf der Anwendung von Garantien. Laut der bereits in 3.3.2 vorgestellten Studie der OECD waren für die zwischen 2012 und 2014 mobilisierten privaten Mittel zu 59% Garantien verantwortlich.[125]

4.2.2 Vergünstigte Inputs

Eine weitere Möglichkeit besteht darin, vergünstigte Inputs für ein Investitionsprojekt bereitzustellen. Eine Verbesserung des Risiko-Rendite Profils einer Investition findet dabei dadurch statt, dass die Kosten des Investitionsprojektes gesenkt werden, wodurch wiederum die erwartete Rendite erhöht wird. Das klassische Beispiel in dieser Kategorie ist die Vergabe von vergünstigten Krediten. Die Vergünstigung kann dabei beispielsweise darin bestehen, dass die Zinsen für den Kredit unter dem Marktzins liegen, darin, dass die Tilgung des Kredits oder der Zinsen für eine bestimmte vorher festgelegte Phase ausgesetzt wird oder dass die Laufzeit des Kredites deutlich über der marktüblichen liegt.[126] Die Kreditvergabe gehört üblicherweise zum Kerngeschäft von öffentlichen Entwicklungsbanken und macht durchschnittlich etwa 80% derer Transaktionen aus.[127]

---

123 Vgl. ebenda, S. 11.

124 Vgl. Colla (2016), S. 1-2.

125 Vgl. Benn et al. (2016), S. 8.

126 Vgl. Barder; Talbot (2015), S. 9.

127 Vgl. Perry (2011), S. 5.

In der Praxis kann es zu einer Überschneidung der Wirkungsweise von vergünstigten Krediten und Garantien kommen, da Garantien dazu führen können, dass ein Projekt einen Kredit zu günstigeren Konditionen bekommen kann.[128] Im Rahmen der vorliegenden Arbeit wird zur Vereinfachung eine Garantie ausschließlich als eine Maßnahme betrachtet, welche den Investor durch ein geringeres Risiko begünstigt, ein vergünstigter Kredit hingegen durch eine Erhöhung der erwarteten Rendite.

Durch die Vergabe von vergünstigten Krediten wird der Input Kapital subventioniert. Darüber hinaus besteht auch die Möglichkeit, andere Inputs zu subventionieren. So berichten beispielsweise Wiggins und Brooks darüber, dass in der Förderung von landwirtschaftlichen Investitionsprojekten spezifische Grüter, wie etwa Düngemittel oder Saatgut, vergünstigt oder kostenlos zur Verfügung gestellt werden.[129] Je nach Investitionsprojekt kann man sich unterschiedliche Inputs vorstellen, deren Subventionierung die Kosten des Projekts senkt. Der Fokus in dieser Kategorie liegt auf vergünstigten Krediten.

4.2.3 Resultatabhängige Förderungen

Darüber hinaus besteht die Möglichkeit, die erwartete Rendite einer Investition zu erhöhen, indem Projekte gefördert werden, die im Vorhinein festgelegte Resultate vorweisen können.[130] Resultatabhängige Förderungen kommen speziell bei der Bereitstellung von neuen Produkten und Dienstleistungen zum Einsatz, für die es häufig noch keinen Markt gibt.[131] Insbesondere durch Preis- und Abnahmegarantien sollen private Investoren dazu bewegt werden, ihr Kapital in den entsprechenden Investitionsprojekten einzusetzen.[132]

Ein viel diskutierter Vertreter in dieser Kategorie sind sogenannte Advance Market Commitments (AMCs), die bisher insbesondere für die Förderung von Investitionen in die Entwicklung von Impfstoffen angewandt werden. In vielen Entwicklungsländern besteht kein ausreichendes Angebot an qualitativ hochwertigen Impfstoffen. Ein entscheiden-

---

128 Vgl. Barder; Talbot (2015), S. 9.

129 Vgl. Wiggins; Brooks (2012), S. 178-182.

130 Vgl. Barder; Talbot (2015), S. 9.

131 Vgl. ReDesigning Development Initiative (Hrsg.) (2015), S. 18.

132 Vgl. ebenda.

der Grund hierfür besteht in geringen Profitaussichten für Impfstoffhersteller in diesen Regionen.[133] Bei der Anwendung von AMCs werden die erwarteten Gewinne der Investoren erhöht, indem Geberregierungen bindende Zahlungszusicherungen für die Impfstoffe erteilen, welche vorher festgelegte Kosten- und Qualitätskriterien erfüllen. Durch die Aussicht einer zukünftig höheren erwarteten Rendite entsteht so ein stärkerer Anreiz, Investitionen in diesem Bereich zu tätigen.[134] Diese Zahlungszusicherung unter spezifischen Voraussetzungen unterscheidet sich grundlegend von der Garantie, wie sie in 4.2.1 als Maßnahme zur Abfederung von Risiko dargestellt wurde. Bei Letzterer kommt die Garantie beim Scheitern des Investitionsprojektes zum Einsatz und schützt somit vor potentiellen Verlusten. Zahlungs- und Abnahmezusicherung im Rahmen von AMCs werden jedoch nur ausgezahlt, wenn das Projekt die im Vorhinein festgelegten Resultate vorweisen kann. Scheitert das Projekt in Bezug auf die vereinbarten Resultate, findet auch keine Subventionierung statt.

Neben AMCs gibt es weitere Formen von resultatabhängigen Förderungen, wie beispielsweise die Ausschreibung von Wettbewerben und damit verbundene Auszahlungen von Preisen oder sogenannte Development Impact Bonds (DIBs).[135] Bei DIBs stellen Investoren Mittel für ein Projekt zur Verfügung, in dessen Rahmen ebenfalls vorher festgelegte Resultate erzielt werden sollen. Gelingt dies, so zahlt die Geberregierung dem Investor oder den Investoren ihr eingesetztes Kapital zuzüglich einer finanziellen Prämie zurück.[136] Ob ein Projekt gelingt oder nicht, wird dabei an vorher spezifizierten Kerngrößen gemessen, etwa ob eine bestimmte Anzahl an Kilowattstunden von Elektrizität produziert wurde, oder ob eine bestimmte Anzahl von Schülern ein festgelegtes Bildungsniveau abgeschlossen hat.[137]

---

133 Vgl. Snyder et al. (2011), S. 1508.

134 Vgl. Barder et al. (2005), S. 3-4.

135 Vgl. ReDesigning Development Initiative (Hrsg.) (2015), S. 18.

136 Vgl. Center for Global Development; Social Finance (Hrsg.) (2013), S. 17.

137 Vgl. Barder; Talbot (2015), S. 9-10.

5 Bewertung der Maßnahmen

Die verschiedenen Maßnahmen sollen nun im Vergleich zueinander bewertet werden. Dafür ist es zunächst notwendig, ein klares Ziel zu formulieren, da für die Beurteilung der Maßnahmen entscheidend ist, ob und wie effizient diese in der Lage sind, das vorgegebene Ziel zu erreichen.

Ein maßgeblicher Punkt in der Debatte um Blended Finance, der auch in dieser Arbeit zentral ist, besteht darin, inwieweit durch die Subventionierung privater Investitionen Mittel für die Umsetzung der SDGs mobilisiert werden können. Dabei geht es zum einen darum, dass Investitionen getätigt werden, die ohne den öffentlichen Beitrag nicht stattgefunden hätten, zum anderen darum weitere Investitionen in Entwicklungsländern auch ohne öffentlichen Beitrag anzuregen. In der nachfolgenden Analyse werden die Maßnahmen auf diese Ziele hin geprüft.

An dieser Stelle soll darauf aufmerksam gemacht werden, dass bei der Bewertung der Maßnahmen ein Aspekt außer Acht gelassen wird, der in der Literatur vielfach zur Beurteilung von Blended Finance-Maßnahmen herangezogen wird. Und zwar schlagen verschiedene Quellen vor, Blended Finance danach zu beurteilen, inwieweit durch den öffentlichen Beitrag der Geberregierung an einer Investition deren entwicklungspolitischer Impact erhöht wird.[138] Darunter kann man sich beispielsweise vorstellen, dass der öffentliche Beitrag daran gebunden ist, dass insbesondere ärmere Bevölkerungsschichten von der Investition profitieren oder dass neben den primären Zielen der Investition weitere soziale oder ökologische Effekte umgesetzt werden müssen. Hier ergibt sich jedoch das Problem, dass sehr unterschiedliche Ziele miteinander kombiniert werden. In Abschnitt 3.1 wurde bereits unter Bezugnahme auf die Tinbergen-Regel erläutert, dass es in der Regel zu Ineffizienzen führt, wenn ein einziges Instrument (hier also Blended Finance) dazu genutzt wird, verschiedene Ziele anzustreben. Inwieweit verschiedenste Entwicklungsziele durch Investitionen mit besonders hohem direkten ökologischen oder sozialen Impact angestrebt werden sollen, ist eine ganz andere Debatte, als die Frage nach der Mobilisierung privater fi-

138 Vgl. Lonsdale (2016), S. 17; vgl. Koenig; Jackson (2016), S. 21; vgl. Kindomay (2012), S. 32.

nanzieller Mittel. Zielkonflikte wären dabei vorprogrammiert. Die Vermischung dieser beiden Ebenen erscheint daher nicht sinnvoll.[139] Dabei ist jedoch zu beachten, dass, wie in Kapitel 3 beschrieben, positive externe Effekte von Investitionen bei der Kapitalmobilisierung eine wichtige Rolle spielen. Diese können sich positiv auf die wirtschaftliche Entwicklung einer Volkswirtschaft auswirken und können somit auch als entwicklungspolitischer Impact verbucht werden. Dieser Impact entsteht jedoch aus der normalen Geschäftstätigkeit der jeweiligen Projekte in gegebenen Rahmenbedingungen und kann daher abgegrenzt werden von einem entwicklungspolitischen Impact, der durch konkrete Verhaltensauflagen, bezüglich zusätzlicher sozialer oder ökologischer Engagements des Investors erreicht werden soll. Im Gegensatz zu letzterem spielt der Impact, der durch die Internalisierung externer Effekte entsteht, eine wichtige Rolle in der vorliegenden Arbeit.

Um eine Bewertungsgrundlage für die oben beschriebenen Maßnahmen zu schaffen, werden nachfolgend zunächst Bewertungskriterien eingeführt (5.1). In einem nachfolgenden Schritt werden diese Kriterien auf die verschiedenen Maßnahmen hin angewendet (5.2).

---

139 Das bedeutet natürlich nicht, dass soziale und ökologische Kriterien bei der Auswahl von Projekten, die durch Blended Finance gefördert werden, keine Rolle spielen. Wie in Abschnitt 2.3 beschrieben wurde, ist bei der Förderung von Projekten wichtig, dass diese im Einklang mit internationalen sozialen und ökologischen Standards sind.

5.1 Herleitung und Erläuterung der Bewertungskriterien

Die Bewertungskriterien sollen dazu dienen zu überprüfen, ob und wie effizient die verschiedenen vorgestellten Maßnahmen zur Anwendung von Blended Finance in der Lage sind, Investitionen in Entwicklungsländern zu mobilisieren.

Grundsätzlich lassen sich die Bewertungskriterien in zwei Kategorien unterteilen. Zum einen ist bei der Beurteilung von wirtschaftspolitischen Maßnahmen wichtig, inwieweit die Maßnahme überhaupt in der Lage ist einen Beitrag zum angestrebten Ziel zu leisten. Zum anderen geht es darum, wie das Ziel möglichst verschwendungsfrei, also mit einem möglichst geringen Mittelaufwand, erreicht werden kann. Mit anderen Worten geht es hier um Effektivität und Effizienz.

Um die Effektivität der Maßnahmen zu beurteilen, werden zwei verschiedene Kriterien herangezogen. Das erste Kriterium in dieser Kategorie ergibt sich direkt aus der Literatur um Blended Finance, in der es eine ganz entscheidende Rolle als Gütekriterium einnimmt.[140] Es handelt sich dabei um die im Verlauf der Arbeit schon an mehreren Stellen zur Sprache gekommene *Additionalität.* Teilweise wird in der Literatur auch zwischen finanzieller und entwicklungsbezogener Additionalität unterschieden.[141] Die finanzielle Additionalität entspricht dem hier beschriebenen und angewendeten Verständnis des Kriteriums, also inwieweit eine Maßnahme in der Lage ist, eine Investition geschehen zu lassen, die ohne diese nicht ausgeführt würde. Entwicklungsbezogene Additionalität beschreibt, inwieweit der entwicklungspolitische Impact der Investition durch den öffentlichen Beitrag erhöht wird, also inwieweit neben den primären Investitionszielen weitere entwicklungsrelevante Ziele umgesetzt werden. Aus den oben angeführten Gründen der Zieleingrenzung wird die entwicklungsbezogene Additionalität im Rahmen der Bewertung jedoch ausgeklammert.

Das zweite Kriterium zur Bestimmung der Effektivität ergibt sich aus der Analyse aus Kapitel 3. Darin wurde aufgezeigt, dass plausible Gründe dafür sprechen, dass private Investitionen in Entwicklungsländern mit positiven externen Effekten zusammenhängen. Diese Zusatz-

---

140 Vgl. Lonsdale (2016). S. 17; vgl. Kindomay (2012), S. 32; vgl. Koenig; Jackson (2016), S. 10.

141 Vgl. Lonsdale (2016). S. 17; vgl. Koenig; Jackson (2016), S. 21; vgl. Pereira (2015), S. 9.

effekte können zu einer Mobilisierung zusätzlicher privater Investitionen führen. Inwieweit die Maßnahmen also das Ziel Kapitalmobilisierung erreichen können, könnte daher insbesondere davon abhängen, inwieweit sie in der Lage sind, private Investitionen so zu fördern, dass dabei tatsächlich positive externe Effekte entstehen. Dies wird unter dem Kriterium *potentieller Mobilisierungseffekt* untersucht.

Um die Effizienz der Maßnahmen zu bewerten, wird zunächst zwischen statischer und dynamischer Effizienz unterschieden. Die statische Effizienz betrachtet eine Momentaufnahme dahingehend, inwieweit das vorgegebene Ziel unter konstanten Rahmenbedingungen durch den Einsatz möglichst geringer Mittel erreicht werden kann.[142] In der Literatur wird dabei zum einen diskutiert, ob sich die Mittel, die notwendig sind, um das Risiko-Rendite Profil einer Investition so zu verbessern, dass es von einem privaten Akteur durchgeführt wird, unterscheiden. Zum anderen steht auch zur Debatte, ob sich administrative Kosten etwa durch notwendiges Monitoring und Screening bei den verschiedenen Maßnahmen unterscheiden. Beides wird unter dem Kriterium *statische Effizienz* untersucht.

Mit dem Kriterium *dynamische Effizienz* werden Anpassungen im Verhalten der Akteure, die durch die Anwendung der Maßnahmen auftreten, miteinbezogen. Bei diesem Kriterium geht es also um die Anreizwirkungen der Maßnahmen.[143] Da Überschneidungen zwischen den Kriterien *potentieller Mobilisierungseffekt* und *dynamische Effizienz* denkbar sind, soll an dieser Stelle explizit auf deren Unterschiede hingewiesen werden. Auch in Bezug auf den potentiellen Mobilisierungseffekt spielen Anreizwirkungen eine wichtige Rolle. So ist in Bezug auf dieses Kriterium beispielsweise relevant, inwieweit die Maßnahmen dazu geeignet sind, einen Anreiz für Investoren zu liefern, einen Beitrag zur Entdeckung der Kostenstruktur zu leisten. Die Internalisierung der externen Effekte ist zentral für die Kapitalmobilisierung, die wiederum ein wesentliches Ziel innerhalb der vorliegenden Analyse darstellt. Anreizeffekte, die im direkten Zusammenhang mit der Internalisierung externer Effekte stehen, werden unter dem Kriterium *potentieller Mobilisierungseffekt* diskutiert, anhand dessen der Effektivität der Maßnahmen nachgegangen wird. Das Kriterium *dynamische Effizienz* konzentriert sich auf weitere Anreizeffekte, insbesondere diejenigen, die nicht im

142 Vgl. Fritsch (2014), S. 99.

143 Vgl. ebenda, S. 99-100.

Sinne der fördernden Geberregierung sind und möglicherweise ungewollte Verhaltensanpassungen zur Folge haben.

5.2 Anwendung der Bewertungskriterien

5.2.1 Effektivität

5.2.1.1 Additionalität

Nun soll untersucht werden, inwieweit die verschiedenen Maßnahmen dazu beitragen können, dass private Investitionen in Entwicklungsländern getätigt werden, die ohne die Anwendung der Maßnahme nicht zustande gekommen wären.

Um dies zu erreichen, wird durch den öffentlichen Beitrag das Risiko-Rendite Profil einer Investition so verbessert, dass ein privater Investor bereit ist diese durchzuführen. Wie schon in Kapitel 4 dargestellt, bestehen grundsätzlich zwei Ansatzpunkte dafür, das Risiko-Rendite Profil einer Investition hinreichend attraktiv zu gestalten. Um den gewünschten Effekt, also die Realisierung zusätzlicher Investitionsprojekte, zu erzielen, können Maßnahmen zur Abfederung von Risiken eingesetzt werden, um das Risiko des entsprechenden Investitionsprojekts zu senken. Vergünstigte Inputs und resultatabhängige Förderungen hingegen verbessern das Risiko-Rendite Profil durch eine Erhöhung der erwarteten Rendite der Investition.

Einige Akteure argumentieren damit, dass die hohen wahrgenommenen beziehungsweise tatsächlichen Risiken die entscheidende Hürde für Investitionen in Entwicklungsländern („binding constaint") seien und es für öffentliche Geber daher besonders effektiv sei, an diesem Engpass anzusetzen und ODA dafür einzusetzen, die Risiken der Investitionen zu verringern.[144] Da aber jede Subvention auf ihren Beitrag zur Verbesserung des Risiko-Rendite Profils heruntergebrochen werden kann, ist nicht ersichtlich, warum die Reduktion von Risiken eher dazu führen sollte, dass private Investoren ein Projekt durchführen. Der Fall, dass sich Effekte der Risiko-Reduktion und der Erhöhung der erwarteten Rendite auf die Investitionsentscheidung unterscheiden, würde nur dann eintreten, wenn sich entweder die Risikoeinstellungen von Geberregierungen und privaten Investoren systematisch voneinander unterscheiden (wenn die Risikoaversion der privaten Akteure höher ist), oder wenn private Investoren, im Gegensatz zu Geberregierungen, das Risiko systematisch überschätzen. Es liegt nicht auf der Hand, warum Geberregierungen bei der Verwendung von Steuergeldern prinzipiell eine

---

144 Dieser Abschnitt folgt Carter (2016).

höhere Risikobereitschaft haben sollten als private Investoren. Auch dass private Investoren Risiken systematisch überschätzen und Geberregierungen diese adäquater einschätzen könnten scheint wenig plausibel. Treffen diese beiden Annahmen nicht zu, so hat die Reduktion des Risikos den gleichen Effekt auf das Risiko-Rendite Profil des Investors wie die Erhöhung der privaten Rendite.

Additionalität wird zwar in einigen Quellen als das entscheidende Bewertungskriterium für die Anwendung von Blended Finance Maßnahmen angeführt, inwieweit Additionalität bei der Anwendung der jeweiligen Finanzierungsmaßnahmen jedoch tatsächlich erfüllt ist, lässt sich empirisch nur schwer feststellen. Denn wie Kwakkenbos feststellt, kann Additionalität nicht nur auf Grundlage der Tatsache unterstellt werden, dass private und öffentliche Akteure gemeinsam ein Projekt finanzieren.[145] Denn dies bedeutet ja nicht, dass das Projekt nicht auch ohne den öffentlichen Beitrag ausgeführt worden wäre. Ist Additionalität nicht gegeben, würde dies bedeuten, dass die öffentlichen Mittel überflüssig gewesen seien und gar keinen Effekt auf die Durchführung des Investitionsprojektes gehabt hätten. Jedoch kann eine positive Korrelation von Subventionen und realisierten Investitionen nichts darüber aussagen, ob die Subventionen auch tatsächlich notwendig für die Durchführung der Investition gewesen wären, oder ob die Projekte ohnehin stattgefunden hätten.[146]

Obwohl sich Additionalität nur schwer nachweisen lässt, können dennoch Faktoren identifiziert werden, die diese begünstigen. Wie in Abschnitt 3.3 herausgestellt wurde, ist die Gefahr, dass Additionalität verletzt wird, besonders hoch, wenn versucht wird, sehr hohe Leverage-Ratios zu erzielen. Campos et al. identifizieren weitere Risiko-Faktoren: Die Additionalität könnte dadurch gefährdet sein, dass Geberregierungen dazu neigen, Branchen und Unternehmen zu unterstützen, denen ein großes Wachstumspotential zugesprochen wird.[147] Gerade in diesen Branchen können sich Investitionsprojekte aber häufig auch ohne Subvention finanzieren lassen, da Wachstumsbranchen ohnehin im Fokus privater Investoren liegen. Darüber hinaus geben die Autoren zu bedenken, dass insbesondere Investitionsprojekte von weniger etablierten, kleineren oder neu gegründeten Unternehmen Schwierigkeiten bei der Finanzierung haben könnten. Dementsprechend könnte Additionalität

145 Vgl. Kwakkenbos (2012), S. 5.

146 Vgl. Carter (2015), S. 24.

147 Vgl. Campos et al. (2012), S. 26-27.

eher gegeben sein, wenn die Anspruchskriterien für eine Förderung eine Teilnahme für diese Projekte erleichtern.[148]

Die konkrete Ausgestaltung der jeweiligen Fördermaßnahme könnte also durchaus einen Einfluss auf die Additionalität haben. Insbesondere bei der Bestimmung der nötigen Anforderungen für eine Förderung kann darauf geachtet werden, den Zugang für weniger formale Unternehmen und Projekte nicht von vornherein auszuschließen. Das gilt prinzipiell für alle drei dargestellten Arten von Maßnahmen. In der Praxis wurde kritisiert, dass resultatabhängige Förderungen, speziell AMCs, stark auf internationale Großkonzerne zugeschnitten seien.[149] Dies hängt jedoch stark mit der spezifischen Ausgestaltung der jeweiligen Maßnahme zusammen. Aus theoretischer Sicht scheint es daher keinen Grund dafür zu geben, warum Maßnahmen zur Abfederungen von Risiken oder Maßnahmen zur Erhöhung der erwarteten Rendite, wie resultatabhängige Förderungen oder vergünstigte Inputs, sich im Hinblick auf dieses Kriterium unterscheiden.

5.2.1.2 Potentieller Mobilisierungseffekt

Grundsätzlich scheinen alle drei dargestellten Arten von Maßnahmen das Risiko-Rendite Profil einer Investition gleich effektiv beeinflussen zu können, um private Investoren dazu zu bringen, diese durchzuführen. Wie in der Analyse in Kapitel 3 gezeigt wurde, geht es bei der Anwendung von Blended Finance-Maßnahmen aber nicht ausschließlich darum, einzelne Projekte entstehen zu lassen. Durch die Subventionierung einzelner Projekte können positive externe Effekte ausgelöst werden, die sich positiv auf die wirtschaftliche Entwicklung einer Volkswirtschaft auswirken und weitere private Investitionen in Gang setzen. Somit können, durch das Vorliegen externer Effekte, weitere zusätzliche Mittel mobilisiert werden. Wie in Abschnitt 3.2 beschrieben wurde, gibt es Gründe dafür anzunehmen, dass positive externe Effekte in Zusammenhang mit privaten Investitionen insbesondere in Volkswirtschaften entstehen, die sich in einer vergleichsweise niedrigen Stufe der wirtschaftlichen Entwicklung befinden. Zwar wird Blended Finance schwerpunktmäßig in Ländern mit mittlerem Einkommen angewendet, jedoch hat auch die Anwendung in Ländern mit niedrigem Einkommen zugenommen.[150] Obwohl die Anwendung von Blended Finance bisher nicht

---

148 Vgl. ebenda, S. 27.

149 Vgl. Knoke; Morazón (2011), S. 20.

150 Vgl. Kwakkenbos (2012), S. 14.

schwerpunktmäßig auf die Internalisierung positiver externer Effekte ausgerichtet zu sein scheint, ist es dennoch sinnvoll zu untersuchen, inwieweit die verschiedenen Maßnahmen auf diese abzielen, da dies einen wichtigen Aspekt einer möglichen Kapitalmobilisierung darstellt.

Wie müssten Maßnahmen zur Förderung von Investitionen aussehen, damit sie die beschriebenen positiven externen Effekte fördern können?

Wie in Kapitel 3 erläutert wurde, entstehen die relevanten externen Effekte durch Lernen insbesondere durch breite experimentierfreudige privatwirtschaftliche Aktivitäten. Im Zuge der Entdeckung der Kostenstruktur einer Volkswirtschaft können beispielsweise ganz neue Industriezweige durch das experimentierfreudige Verhalten einzelner Akteure entstehen. Um die positiven externen Effekte eines solchen Handelns zu internalisieren, erscheinen Ansätze von Maßnahmen sinnvoll, die Kosten des Ausprobierens neuer unkonventioneller Aktivitäten senken. Dies könnte im Widerspruch zu Maßnahmen stehen, bei denen eine Förderung an die Erreichung spezifischer Ziele gekoppelt ist, oder bei der die zu verwendenden Inputs durch die Förderung bereits vorgegeben werden.

Insgesamt kommt es, ähnlich wie bei der Additionalität, auch hier natürlich auf die konkrete Ausgestaltung der jeweiligen Maßnahme an. Dennoch kann der Versuch unternommen werden, anhand der vorliegenden Informationen über die Anwendung der drei im Rahmen dieser Arbeit betrachteten Maßnahmen, Unterschiede in Bezug auf das Kriterium *potentieller Mobilisierungseffekt* herauszustellen.

Maßnahmen zur Abfederung von Risiken senken die Kosten des Investors im Falle eines Scheiterns des Investitionsprojektes in der Regel unabhängig davon, welche Entscheidungen die Investoren treffen. Grundsätzlich scheinen Maßnahmen zur Abfederung von Risiken geeignet, um experimentierfreudige wirtschaftliche Aktivitäten zu fördern, da sie die Kosten des Ausprobierens senken können.

Bezüglich der Subventionierung von Inputs ist eine Fallunterscheidung erforderlich. Wie in 4.2.2 dargestellt, wird in der Regel der Input Kapital subventioniert, indem ein vergünstigter Kredit zur Verfügung gestellt wird. Darüber hinaus können aber auch andere Inputs eines Investitionsprojektes subventioniert werden. Wird ein anderer Input subventioniert, wie etwa der Dünger im oben beschriebenen Beispiel der Förderung von landwirtschaftlichen Investitionsprojekten, nimmt die Förderung eine sehr spezifische Form an, in der die subventionierende Geberregierung den Verlauf des Investitionsprojektes stark beeinflusst. Dies könnte den Raum für breite experimentierfreudige wirtschaftliche Aktivitäten einschränken. Vergünstigte Kredite hingegen können potentiell Spielraum für Entdeckungen und unkonventionelle Ideen geben.

Bei der Anwendung von resultatabhängigen Förderungen können sich in Bezug auf das Kriterium *potentieller Mobilisierungseffekt* verschiedene Schwierigkeiten ergeben. Barder und Talbot plädieren für die Vorzüge von resultatabhängigen Förderungen unter anderem, da sie im Vergleich zu alternativen Fördermöglichkeiten sehr zielgenau angewendet werden können.[151] Sie begründen dies damit, dass bei der Anwendung von resultatabhängigen Förderungen sehr spezifische Resultate gefördert werden können, die im Sinne der fördernden Geberregierung sind, wie beispielsweise die Entwicklung von Behandlungsmöglichkeiten für vernachlässigte Krankheiten. Im Gegensatz dazu sei bei der Vergabe von Maßnahmen zur Abfederung von Risiken oder vergünstigten Krediten häufig noch unklar, was genau am Ende bei dem Investitionsprojekt herauskommt. Darüber hinaus kritisieren sie, dass nicht nur Aktivitäten gefördert werden, die auf ein bestimmtes Resultat abzielen, sondern alle Aktivitäten, die im Rahmen des Investitionsprojektes anfallen.[152] Geberregierungen können ganz unterschiedliche Ziele verfolgen und abhängig vom jeweiligen Ziel, kann die stärkere Fokussierung von resultatabhängigen Förderungen einen großen Vorteil darstellen. An dieser Stelle werden die verschiedenen Maßnahmen jedoch in Hinblick auf einen potentiellen Mobilisierungseffekt über externe Effekte überprüft. In Bezug auf den potentiellen Mobilisierungseffekt kann die Fokussierung von resultatabhängigen Förderungen auch als eine Schwäche ausgelegt werden. Denn wenn die privaten Investoren nur dann gefördert werden, wenn sie vorher exakt spezifizierte Ziele erreicht haben, kann dies ihre Anreize, etwas Neues auszuprobieren, reduzieren. Sogar wenn resultatabhängige Förderungen explizit darauf ausgerichtet werden, Resultate in neuen Produktionsbereichen oder neue Produktlinien zu fördern, besteht dann das Problem, dass nur das ausprobiert wird, was die Geberregierung als ausprobierenswert einstuft. Es ist jedoch gut vorstellbar, dass insbesondere lokale Investoren einen besseren „Riecher" dafür haben, in welchen Bereichen sich Experimente lohnen könnten, oder dass sie auf Ideen kommen, die der Geberregierung nicht in den Sinn kommen, und die diese daher auch gar nicht ex ante als gewünschte Resultate festlegen kann.

---

151 Vgl. Barder; Talbot (2015), S. 15.

152 Vgl. ebenda.

Bei AMCs, die sich, wie in 4.2.3 beschrieben, in der Anwendung bisher vorrangig auf die Bereitstellung von Impfstoffen konzentrieren, heben Knoke und Morazón eine weitere Schwierigkeit hervor. Wie bereits im vorangehenden Abschnitt kurz angeführt wurde, kritisieren sie bereits existierende AMC Programme dahingehend, dass sie stark auf internationale Großkonzerne ausgerichtet seien.[153] Dies kann nicht nur in Bezug auf die Additionalität problematisch sein, sondern auch einen Einfluss auf den potentiellen Mobilisierungseffekt haben. So kritisieren die Autoren weiterhin, dass durch Förderungen für internationale Großkonzerne selten Technologiekooperationen entstehen, von denen die lokale Wirtschaft profitieren könnte.[154] Bei der resultatabhängigen Förderung von Impfstoffen könnte es häufig dazu kommen, dass große internationale Pharmakonzerne aufgrund ihrer technischen Möglichkeiten und Kapazitäten am ehesten in der Lage sind, den betreffenden Impfstoff in vorgegebener Menge und Qualität bereitzustellen, wodurch sie große Chancen haben, eine Subvention im Rahmen eines AMC Programms zu erhalten. Gerade wenn eine potentielle Mobilisierung insbesondere durch Lerneffekte in weniger entwickelten Volkswirtschaften entsteht, ist fraglich, inwieweit die Förderung internationaler Pharmakonzerne eine solche Mobilisierung auslösen könnte. Wie in Abschnitt 3.2.5 beschrieben wurde, sind internationale Konzerne häufig generell in der Lage dafür zu sorgen, ihre Technologien und ihr Wissen weitgehend für sich zu behalten. Dabei ist es fraglich, inwieweit lokale Konkurrenten von Lerneffekten profitieren.

Gerade die horizontalen Spillover-Effekte, die für das Lernen sehr relevant sind, fallen bei AMCs im Bereich der Impfstoffproduktion daher vermutlich gering aus. Auch wenn sich der Einsatz von AMCs derzeit noch stark auf die Produktion von Impfstoffen fokussiert, sind viele weitere Anwendungsbereiche denkbar. Inwieweit sich die Ausschreibungen dabei insbesondere an internationale Großkonzerne richten, oder einen größeren Kreis von Investoren ansprechen, hängt sicherlich mit der konkreten Ausgestaltung der Förderungsbedingungen zusammen.

Ein weiteres Problem in Bezug auf den hier betrachteten potentiellen Mobilisierungseffekt könnte sich aus dem tendenziell eher engen Anwendungsbereich von resultatabhängigen Förderungen ergeben. Dies betrifft im Besonderen die in 4.2.3 beschriebenen DIBs, bei denen Pro-

---

153 Vgl. Knoke; Morazón (2011), S. 20.

154 Vgl. ebenda.

jekte von privaten Investoren vorfinanziert werden. Ist das Projekt entsprechend vorher festgelegter Vorgaben erfolgreich, übernimmt der öffentliche Akteur die gesamten Kosten der Durchführung zuzüglich einer Art Gewinnpauschale für die privaten Investoren.[155] Da hier in der Regel bei Erfüllung der im Vorhinein festgelegten Resultate die Geberegierung im Nachhinein die gesamten Kosten des Investitionsprojektes übernimmt, macht diese Art der Förderung insbesondere Sinn, wenn sie sich auf Güter oder Dienstleistungen bezieht, die üblicherweise von öffentlichen Akteuren bereit gestellt werden. Im Zusammenhang mit DIBs wird insbesondere das Ziel formuliert, Investitionen in sozialen Sektoren in Entwicklungsländern für private Investoren zu öffnen.[156] Wie bereits beschrieben, wird mit Blended Finance auch das Ziel verfolgt, dass durch die subventionierten Investitionsprojekte weitere Investitionsprojekte angestoßen werden, die keiner Subvention bedürfen, was wiederum zu einer Kapitalmobilisierung führt. Gerade in sozialen Bereichen, in denen staatliche Subventionen ohnehin eine wichtige Rolle spielen, ist dieses Ziel vermutlich schwerer erreichbar. Insgesamt scheint auch die Förderung von breitem experimentierfreudigen wirtschaftlichen Verhalten nur schwer mit dem engen Anwendungsfokus der Maßnahme vereinbar. Darüber hinaus scheint fraglich, ob bei DIBs überhaupt von einer Kapitalmobilisierung die Rede sein kann, wenn die Kosten von gelungenen Projekten im Nachhinein komplett von der entsprechenden Geberregierung übernommen werden. Stattdessen geht es dann vielmehr darum, dass die Erbringung einer gewünschten Dienstleistung outgesourct, beziehungsweise unter Einhaltung bestimmter Bedingungen an den Privatsektor übertragen wird. Dadurch versprechen sich Geberregierungen mitunter einen Effizienzgewinn in der Bereitstellung. Die Frage danach, ob ein solcher Effizienzgewinn tatsächlich besteht, ist nicht Thema dieser Arbeit und wird daher auch nicht näher diskutiert. Es wird jedoch deutlich, dass mit dieser Maßnahme anscheinend andere Ziele, als die Mobilisierung zusätzlichen Kapitals, verfolgt werden.

Diese Bedenken bezüglich der Eignung von resultatabhängigen Förderungen in Hinblick auf einen Mobilisierungseffekt über die Internalisierung externer Effekte hängen stark mit dem konkreten Design der jewei-

---

155 Vgl. Center for Global Development; Social Finance (Hrsg.) (2013), S. 17.

156 Vgl. Seebens (2013), S. 1; vgl. Center for Global Development; Social Finance (Hrsg.) (2013), S. 17.

ligen Maßnahmen zusammen. Die Forderung danach, möglichst spezifische Resultate zu fördern, die durch vorher festgelegte Performance-Kriterien eines jeweiligen Investitionsprojektes unter Beweis gestellt werden sollen,[157] könnte jedoch ein Problem für offene Lernprozesse darstellen.

5.2.2 Effizienz

5.2.2.1 Statische Effizienz

Im vorliegenden Abschnitt wird analysiert, inwieweit sich der notwendige Mitteleinsatz zwischen den verschiedenen Maßnahmen unter konstanten Rahmenbedingungen unterscheiden könnte. Zunächst wird der Frage nachgegangen, ob es Unterschiede gibt hinsichtlich der notwendigen Mittel, um das Risiko-Rendite Profil einer Investition hinreichend zu verbessern. Diesbezüglich wird in der Literatur auf einen möglichen Vorteil von Maßnahmen zur Abfederung von Risiken hingewiesen, da diese in der Regel keine direkte Kapitalauslage erfordern und es bei erfolgreichen Projekten auch im Nachhinein nicht zu einer Auszahlung kommt.[158]

Hainz und Hakenes argumentieren etwa für einen Kostenvorteil von Garantien für den Fall, dass die Geberregierung eine sogenannte uninformierte Subvention vergibt, zum Zeitpunkt der Subventionsentscheidung also nicht klar ist, welche Projekte eine Förderung benötigen und mit welchen Risiken die Projekte verbunden sind.[159] Sie gehen von einem Modell aus, in dem drei verschiedene Arten von Projekten existieren; gute, mittlere und schlechte, mit jeweils abnehmender Erfolgswahrscheinlichkeit. Gute Projekte weisen einen positiven Kapitalwert auf und sind daher auch ohne Subvention kommerziell durchführbar. Mittlere und schlechte Projekte benötigen eine Subvention, um durchgeführt zu werden, wobei mittlere Projekte einen positiven Kapitalwert aufweisen, wenn die aus ihnen resultierenden externen Effekte mit einbezogen werden und schlechte Projekte auch einen negativen Kapitalwert aufweisen, wenn die externen Effekte berücksichtigt werden. Dementsprechend ist es im Sinne der fördernden Geberregierung, ausschließlich Subventionen an mittlere Projekte zu vergeben, da gute Projekte keine benötigen und eine Subventionierung bei schlechten Projekten nicht

157 Vgl. Brook; Petrie (2001), S. 6-7.

158 Vgl. ReDesigning Development Initiative (Hrsg.) (2015), S. 17.

159 Dieser Abschnitt folgt Hainz; Hakeness (2012), S. 219-221.

lohnenswert ist. Weiterhin gehen die Autoren davon aus, dass die Geberregierung zwar um die Existenz der drei verschiedenen Typen weiß und auch die dazu gehörigen Wahrscheinlichkeiten und die Verteilung der Typen kennt, zunächst nicht in der Lage ist, die Qualität eines Projektes zu identifizieren. Im Gegensatz dazu ist den Projekten, beziehungsweise den privaten Investoren, die das Projekt durchführen möchten, ihr eigenes Risiko bekannt. Weiterhin wird davon ausgegangen, dass sowohl Geförderte als auch Fördernde risikoneutral sind. Um den Typ eines jeweiligen Projektes zu identifizieren, müssten Geberregierungen ein Screening durchführen lassen, welches zusätzlich zur Subvention weitere Kosten verursacht. Bei hohen Screeningkosten könnte die Geberregierung vorziehen, eine sogenannte uninformierte Subvention zu vergeben, sich also nicht über den Typ der Projekte zu informieren. Die optimale Höhe der Subvention solle dann so bemessen werden, dass schlechte Projekte nicht davon profitieren, da sie auch mit der Subvention nicht im Stande sind, ihr Projekt zu finanzieren. Weiterhin folgern die Autoren, dass eine Garantie im Fall einer uninformierten Subvention die günstigste Variante sei, da die Subvention nur im Fall eines Scheiterns des Projektes ausgezahlt wird. Gute Projekte haben im Rahmen des Modells eine geringere Wahrscheinlichkeit zu scheitern. Somit seien die erwarteten unnötigen Subventionszahlungen bei der Anwendung von Garantien geringer, als beispielsweise beim Einsatz vergünstigter Kredite, die auch bei erfolgreich durchgeführten Projekten ausgezahlt werden.

Wie aus dem hier Beschriebenen hervorgeht, leiten Hainz und Hakenes ihr Ergebnis unter sehr spezifischen Bedingungen her. Ein wichtiger Aspekt, der in dem vorgebrachten Argument unberücksichtigt bleibt, ist, dass die Vergabe einer Garantie einen Einfluss auf die Auszahlwahrscheinlichkeit eines Projektes haben kann. In Abschnitt 5.2.2.2, wird dargelegt, dass die Vergabe von Garantien zu risikoreicherem Verhalten führen kann, was wiederum höhere Kosten verursachen kann. Ein weiteres Problem könnte darin bestehen, dass Hainz und Hakenes unter anderem von asymmetrischen Informationen ausgehen, da in ihrem Modell den Investoren, im Gegensatz zu der fördernden Geberregierung, die Qualität und das Risiko ihres Projektes genau bekannt sind. Inwieweit diese Annahme zutrifft, kann jedoch kritisch hinterfragt werden. Versteht man das Investieren in Entwicklungsländern als einen breiten Entdeckungsprozess, ist es naheliegend, dass auch die Investoren das Risiko ihrer Projekte nicht genau bestimmen können. Tatsächlich werden fehlende Informationen über die Qualität von Investitionsprojekten in verschiedenen Quellen als Hemmnis für Investitionen dargestellt.[160] So gibt beispielsweise Perreira zu bedenken, dass das fehlende Wissen der Investoren über die lokalen Kontexte dazu führen kann, dass das Risiko der jeweiligen Projekte nur schwer einschätzbar ist und konservative Investoren dazu neigen könnten, das Risiko zu überschätzen.[161] Aus theoretischer Sicht gibt es keine ersichtlichen Gründe dafür, dass private Investoren, im Gegensatz zu Geberregierungen, Risiken für Investitionsprojekte in Entwicklungsländern systematisch überschätzen. Jedoch ist auch nicht ersichtlich, warum diese die Qualität grundsätzlich besser beurteilen können sollten. Einer der beiden Seiten einen systematischen Informationsvorsprung zu unterstellen, müsste stichhaltig begründet werden.

Unterscheiden sich weder die Informationen von Geberregierungen und privaten Investoren grundsätzlich, noch deren Einstellungen zum Risiko, kann ähnlich wie in Abschnitt 5.2.1.1 zur Additionalität damit argumentiert werden, dass die verschiedenen Formen der Subventionierung in gleicher Höhe auch den gleichen Beitrag zur Verbesserung des Risiko-Rendite Profils leisten. Dementsprechend wären Kosten der Geberregierung, unabhängig von der Art der angewendeten Maßnahme, identisch mit dem Nutzenzugewinn des privaten Investors.[162]

Neben den Kosten, die durch die direkte Verbesserung des Risiko-Rendite Profils einer Investition entstehen, können auch Unterschiede in den administrativen Kosten, die bei der Anwendung der verschiedenen Maßnahmen entstehen, diskutiert werden. Barder und Talbot weisen in Bezug auf die administrativen Kosten auf einen Vorteil von resultatabhängigen Förderungen hin.[163] Demnach seien die Kosten für Monitoring und Evaluierung bei diesen Maßnahmen geringer. Bei anderen Formen der Förderung werden häufig viele Ressourcen darauf verwandt sicherzustellen, dass die Subventionen rechtmäßig verwendet werden. Bei Investitionsprojekten in Entwicklungsländern kommt es häufig vor, dass diese eine geringe finanzielle Transparenz aufweisen. Daher kann es mit hohen Kosten verbunden sein, im Nachhinein genau herauszufinden,

160 Vgl. ReDesigning Development Initiative (Hrsg.) (2015), S. 10-11; vgl. Center for Global Development; Social Finance (Hrsg.) (2013), S.18; vgl. Pereira (2017), S. 11.

161 Vgl. Pereira (2017), S. 11.

162 Vgl. Barder; Talbot (2015), S. 11-13.

163 Vgl. ebenda, S. 16.

wie die Mittel eingesetzt wurden.[164] Bei resultatabhängigen Förderungen kommen Monitoring und Evaluierung, wenn überhaupt, eine vergleichsweise geringe Rolle zu. Um eine Förderung zu erreichen, muss der Investor die im Vorhinein festgelegten Resultate erzielen. Gelingt ihm dies, sollte das zur Rechtfertigung der Subvention ausreichen, insbesondere da die Förderung auch als eine Art Prämie für die erzielten Resultate angesehen werden kann. Deren exakte Verwendung steht daher nicht im Fokus und es ist auch weniger wichtig nachzuweisen, dass das Projekt angemessen gemanagt wurde.

Auf der anderen Seite gibt es auch Gründe, die dafürsprechen, dass die Konzeption und Anwendung von resultatabhängigen Förderungen mit vergleichsweise hohen administrativen Kosten verbunden ist. So weisen beispielsweise Brook und Petrie darauf hin, dass es bei der Anwendung von resultatbasierten Förderungen entscheidend sei, die zu erreichenden Outputs klar und eindeutig zu definieren.[165] In der Regel wird für jedes Programm eine sehr spezifische Vereinbarung ausgearbeitet, in der festgehalten ist, in welchem Bereich beziehungsweise für welche Zielgruppe welche Resultate vorliegen sollen und auch, wie die Erreichung des Resultats festzustellen ist.[166] Dafür sind bei jeder Konzeption einer resultatabhängigen Förderung eine Reihe mit unter komplizierter Entscheidungen zu treffen. Diese lassen sich vermutlich kaum verallgemeinern und müssen daher je nach Projekt, Standort, Zielgruppe und weiterer denkbarer Faktoren neu spezifiziert werden. Um festzustellen, ob die gewünschten Resultate tatsächlich erreicht sind, ist in der Konzeption mancher resultatabhängiger Förderung eine Prüfung durch eine unabhängige Organisation vorgesehen.[167] Hieraus würden ebenfalls weitere administrative Kosten entstehen. Auch wenn Monitoring- und Evaluierungskosten bei resultatabhängigen Förderungen tatsächlich geringer sind, ist daher fraglich, ob der Kostenvorteil bestehen bleibt.

5.2.2.2 Dynamische Effizienz

Unter dem letzten Kriterium, der dynamischen Effizienz, wird untersucht, inwieweit es zu Verhaltensanpassungen durch die Anwendung der jeweiligen Maßnahmen kommen kann.

---

164 Vgl. ebenda.

165 Vgl. Brook; Petrie (2001), S. 6-7.

166 Vgl. ebenda.

167 Vgl. Seebens (2013), S. 1.

Maßnahmen zur Abfederung von Risiken können Verhaltensanpassungen verursachen, die zu höheren Risiken der geförderten Investitionsprojekte führen. Dadurch, dass der Investor, je nach Konzeption der Maßnahme, nur noch teilweise oder gar nicht mehr für das Risiko seiner Investition haftet, kann Moral Hazard[168] auftreten. Falls der Investor erfolgreich ist, profitiert er in vollem Umfang von seiner erwirtschafteten Rendite. Wenn er nicht erfolgreich ist, trägt er jedoch zumindest nicht die gesamten Kosten seines Fehlschlags. Nachdem der Investor eine Zusage für eine risikoabfedernde Förderung erhalten hat, kann er im Verlauf des Investitionsprojektes mit verschiedenen Entscheidungssituationen konfrontiert werden. Durch die risikoabfedernde Maßnahme könnte es für den Investor rational sein, riskantere Entscheidungen zu treffen, als es ohne die Förderung der Fall wäre. Entscheidungen, die zu einer hohen Rendite führen könnten, jedoch auch mit einer hohen Fehlschlagwahrscheinlichkeit verbunden sind, werden bei einer Zusage einer Maßnahme zur Abfederung von Risiko also verhältnismäßig attraktiver. Dies kann zu Moral Hazard bei der Anwendung von Maßnahmen zur Abfederung von Risiken führen. In der Literatur wird insbesondere das Auftreten von Moral Hazard bei der Anwendung von Garantien diskutiert.[169] Besonders wenn eine Garantie 100% der möglicherweise entstehenden Verluste deckt, hat der Investor einen verringerten Anreiz, kostenaufwendiges Monitoring zu betreiben.[170] Eine Möglichkeit, das Problem zu entschärfen, könnte darin bestehen, nur die Absicherung eines Teils der Verluste zu garantieren oder die Garantie auf Risiken zu beschränken, die außerhalb des Einflussbereichs der Investoren und Projektverantwortlichen liegen, wie etwa politische Risiken.[171]

Auch bei der Vergünstigung von Inputs kann es zu ungewünschten Verhaltensanpassungen kommen. Ziel der Subventionierung eines Inputs ist üblicherweise, dass dieser verstärkt eingesetzt wird. Wiggins und Brooks heben jedoch hervor, dass dies mit einer relativen Verzerrung

168 Moral Hazard beschreibt eine unbeobachtete Verhaltensänderung eines Vertragspartners, die durch den Vertragsabschluss zur Stande kommt und bei der der andere Vertragspartner geschädigt wird (vgl. Roth (2016), S. 194).

169 Vgl. Freedman (2004), S. 8-9, Humphrey; Prizzon (2014), S. 12; Villanger; Berge (2015), S. 43-44; Benavente et al. (2006), S. 3; 7.

170 Vgl. Freedman (2004), S. 8.

171 Vgl. Humphrey; Prizzon (2014), S. 12.

der Faktorkosten und einer daraus resultierenden ineffizienten Allokation einhergehen kann.[172] Solche Verzerrungen ergeben sich insbesondere dann, wenn verschiedene Inputs Substitute sind und weniger, wenn sie komplementär zueinander sind. Beispielsweise kann man sich den Fall vorstellen, dass in der Landwirtschaft maschinelle Inputs wie Traktoren und Erntemaschinen subventioniert werden. Dies könnte zur Folge haben, dass Landwirte Arbeitskraft, insbesondere von Tagelöhnern, so weit wie möglich durch den Einsatz von Maschinen substituieren.[173] Die Subventionierung eines einzelnen Inputs kann also nicht nur dazu führen, dass dieser stärker genutzt wird, sondern auch, dass andere Inputs weniger genutzt werden. Das muss nicht unbedingt nachteilig sein. Dass ein vermehrter Einsatz von Erntemaschinen zu geringerem menschlichen Arbeitseinsatz führt, liegt auf der Hand und kann zu Effizienzgewinnen führen. Ob es im Interesse der fördernden Geberregierung liegt, dass der subventionierte Input andere ersetzt, beziehungsweise, ob dies zu einer effizienteren oder weniger effizienten Allokation führt, unterscheidet sich sicherlich in verschiedenen Anwendungsbeispielen. Dies ist jedoch ein Effekt, der bei der Anwendung von vergünstigten Inputs stets mitgedacht werden sollte.

Bei resultatabhängigen Förderungen bekommen nur diejenigen Projekte einen Zuschlag, die die zuvor festgelegten Resultate vorweisen können. Investitionsprojekte, die in Bezug auf die vereinbarten Resultate scheitern, profitieren daher nicht von der Subvention. Die Anreize, dass die Durchführung des Projektes erfolgreich ist, sind demnach sehr hoch. Jedoch könnte sich ein Problem daraus ergeben, dass Erfolg sich in diesem Fall ausschließlich auf die im Vorhinein festgelegten Resultate bezieht. Zwar ist in der Regel nicht vereinbart, wie diese Resultate zu erreichen sind, wodurch durchaus ein gestalterischer Freiraum bei den Projektdurchführenden besteht[174], jedoch könnte eine mögliche Verzerrung darin begründet liegen, dass die Motivation der Akteure stark dadurch geprägt ist, dass die festgelegten Resultate erzielt werden. Dies könnte dazu führen, dass nicht diejenigen Entscheidungen getroffen werden, die aus einem unternehmerischen Kalkül heraus am sinnvollsten erscheinen, sondern diejenigen, die am effektivsten auf die Resultaterreichung abzielen.

---

172 Vgl. Wiggins; Brooks (2012), S. 176.

173 Vgl. ebenda.

174 Vgl. Brook; Petrie (2001), S. 7.

Das Center for Global Development und Social Finance weisen in einem gemeinsamen Bericht in Bezug auf DIBs explizit auf die Gefahr von „perversen Anreizen“ hin.[175] Demzufolge sei es ein Ziel bei der Festlegung der Resultate, durch deren fokussierte Förderung nicht intendierte und unerwünschte Ergebnisse zu vermeiden. Jedoch können sich dabei verschiedene Schwierigkeiten ergeben. So könnte es beispielsweise für die Investoren günstiger sein, sich stärker auf die Verbesserung der Berichterstattung bezüglich der Erreichung der Resultate zu fokussieren, anstatt auf die tatsächliche Performance. Weitere Probleme könnten in einer unverhältnismäßigen Fokussierung auf die am leichtesten zu messenden Faktoren oder in der Vernachlässigung von Aufgaben, die nicht konkret belohnt werden, liegen. Für die Vermeidung oder zumindest die Minimierung dieser Anreizprobleme sei es wichtig, aus Praxisbeispielen zu lernen und die zu erfüllenden Resultate und deren Messung vor dem Hintergrund des Problembewusstseins möglichst intelligent zu gestalten.

Ein relativer Vorzug von resultatabhängigen Förderungen kann daraus entstehen, dass Projekte, die ins Leere führen, nicht unnötig lange am Leben gehalten werden.[176] In einem innovativen Lernprozess gehören Fehlschläge dazu und können diesen voranbringen. Wird ein Fehlschlag als solcher erkannt, ist es wichtig, aus den Fehlern zu lernen, den als falsch erkannten Weg zu verlassen und einen neuen vielversprechenderen zu suchen. Da bei resultatabhängigen Förderungen Projekte, die fehlschlagen, gar nicht erst von der Subvention profitieren, besteht keinerlei Anreiz diese weiterzuführen, wenn der Fehlschlag absehbar wird.

175 Dieser Abschnitt folgt Center for Global Development; Social Finance (Hrsg.) (2013), S. 73.

176 Vgl. Barder; Talbot (2015), S. 14.

5.3 Zusammenfassung der Resultate

Zur vergleichenden Bewertung der in Abschnitt 4.2 dargestellten Maßnahmen wurden zunächst die vier Kriterien Additionalität, potentieller Mobilisierungseffekt, statische Effizienz und dynamische Effizienz eingeführt und erläutert. Bei der Anwendung der Bewertungskriterien wurden verschiedene potentielle Stärken und Schwierigkeiten der verschiedenen Maßnahmen diskutiert. Dabei zeichnete sich kein einheitliches Bild ab, insbesondere da Stärken und Schwierigkeiten der Maßnahmen jeweils stark von deren konkreter Ausgestaltung im jeweiligen spezifischen Kontext abhängen.

Geht man von keinen systematischen Unterschieden in der Risikoeinschätzung und -aversion zwischen Geberegierungen und privaten Investoren aus, können grundsätzlich alle drei dargestellten Maßnahmen gleichermaßen dafür eingesetzt werden, das Risiko-Rendite Profil einer Investition so zu verbessern, dass sie von einem privaten Investor durchgeführt wird. Für eine erfolgreiche Mobilisierung zusätzlicher privater Mittel über externe Effekte ist die Förderung von experimentierfreudigen breiten wirtschaftlichen Aktivitäten wichtig. Bei vergünstigten Inputs könnte dies insbesondere dann eingeschränkt sein, wenn nicht Kapital, sondern spezifische Inputs, wie beispielsweise Dünger oder bestimmte Maschinen, subventioniert werden, da Geberregierungen den Verlauf und die Ausrichtung des Projektes auf diese Weise stark festlegen. Sehr spezifische zu erreichende Resultate bei resultatabhängigen Förderungen sowie deren teilweise enger Anwendungsfokus können die Wirksamkeit dieser Maßnahmen in Bezug auf den potentiellen Mobilisierungseffekt ebenfalls einschränken. Dabei muss hervorgehoben werden, dass sich die Bewertung ausschließlich auf das Ziel der Kapitalmobilisierung über externe Effekte bezieht. Verfolgen die Geberregierungen andere Ziele, etwa konkrete soziale Vorgaben oder bestimmte ökologische Zwecke, kann die Förderung eines spezifischen Inputs oder eine Förderung mit hohem Anwendungsfokus voreilhaft sein. Bezüglich der aufzuwendenden Mittel, die notwendig sind, um ein Investitionsprojekt unter konstanten Rahmenbedingungen hinreichend profitabel zu gestalten, sowie bezüglich der administrativen Kosten, konnte kein eindeutiger Unterschied zwischen den Maßnahmen festgestellt werden. Jedoch können durch die aus Anwendung der Maßnahmen resultierenden Anreizprobleme weitere Kosten entstehen. Die Anwendung von Maßnahmen zur Abfederung von Risiken kann zu Moral Hazard führen, da die Investoren nicht mehr für das gesamte Risiko ihrer Investition haften. Die Subventionierung von Inputs kann Anreize für eine ineffiziente Allokation von unterschiedlichen Inputs liefern, insbesondere wenn die Möglichkeit besteht, einen Input durch einen anderen zu substituieren. Bei resultatabhängigen Förderungen könnte eine Anreizproblematik darin bestehen, dass die vorzeigbare Erfüllung spezifischer Resultate in den Vordergrund rückt, auch wenn dies nicht im Einklang mit unternehmerisch sinnvollen Entscheidungen ist. Besonders anreizeffizient können resultatabhängige Förderungen dahingehend sein, dass sie keinerlei Anreiz bieten, Projekte, die sich als Fehlschläge entpuppen, unnötig lange am Leben zu halten.

6 Schlussbetrachtung

Die Mobilisierung privater Investitionen durch Blended Finance wird von einigen Akteuren als ein wichtiger Schritt zur Umsetzung der SDGs angesehen177, von anderen wiederum als eine potentielle Verschwendung von Ressourcen in der Entwicklungszusammenarbeit.178 In der vorliegenden Arbeit wurde zunächst der Versuch unternommen, einen möglichen Beitrag von Blended Finance zur Erreichung der SDGs darzustellen und zu analysieren. Dieser könnte insbesondere durch positive externe Effekte begründet sein, die durch realisierte Investitionen in Entwicklungsländern entstehen, durch die entwicklungsrelevante Effekte ausgelöst werden und eine Kapitalmobilisierung gelingen kann. Die derzeitige Anwendung von Blended Finance zielt aber kaum auf Bereiche und Regionen ab, in denen externe Effekte schwerpunktmäßig vermutet werden. Stattdessen werden Blended Finance Maßnahmen insbesondere so eingesetzt, dass sie möglichst hohe Leverage-Ratios erzielen. Beides ist kaum miteinander vereinbar, weshalb Geberregierungen in einem Zielkonflikt stehen.

Weiterhin wurden verschiedene Ansätze und Maßnahmen zur Mobilisierung privater Investitionen im Vergleich zueinander bewertet. Dabei wurden in Bezug auf die hergeleiteten Kriterien Additionalität, potentieller Mobilisierungseffekt, statische Effizienz und dynamische Effizienz jeweils unterschiedliche Vorzüge und Schwierigkeiten der Maßnahmen herausgearbeitet. Insgesamt kommt es stark auf den vorliegenden Kontext sowie die konkrete Ausgestaltung der Maßnahmen an.

Im Rahmen der vorliegenden Arbeit wurden die Maßnahmen aus theoretischer Sicht überprüft und miteinander verglichen. Um weitere Schlüsse über deren Eignung ziehen zu können, könnten vergleichende empirische Studien einen wichtigen Beitrag liefern. Sowohl in Bezug auf den Einsatz verschiedener Maßnahmen, als auch zu der allgemeinen Anwendung von Blended Finance gibt es nur wenig verfügbare und vergleichbare Daten. Die Einführung von einheitlichen Reportig-Standards könnte hilfreich sein, die Datengrundlage zu verbessern und weitere Erkenntnisse über die Wirksamkeit und eine sinnvolle Anwendung von Blended Finance zu erzielen. In Bezug auf die verschiedenen Maß-

177 Vgl. z.B. ReDesigning Development Initiative (Hrsg.) (2015), S. 3.

178 Vgl. z.B. European Network on Debt and Developmet (Hrsg.) (2014), S. 18.

nahmen wäre eine branchenspezifische Analyse sehr interessant. Erkenntnisse darüber, in welchen Branchen und spezifischen Anwendungssituationen welche Maßnahmen besonders wirkungsvoll sein können, wären für die weitere Anwendung von Blended Finance sicherlich sehr wertvoll.

Es wurde ebenfalls verdeutlicht, dass Blended Finance nur einen sehr spezifischen Beitrag zur Erreichung der SDGs leisten kann. Um die ambitionierten Entwicklungsziele bis 2030 erfolgreich umzusetzen, bedarf es großer nationaler sowie internationaler Anstrengungen und des Ausschöpfens einer Vielzahl von spezifischen Maßnahmen, die auf unterschiedliche Teilbereiche der SDGs ausgerichtet werden müssen.

Anhang

Länderkategorisierung nach Bruttonationaleinkommen

Nach Standards der Weltbank lassen sich Volkswirtschaften in vier verschiedene Einkommenskategorien unterteilen:

Bezeichnung	BNE pro Kopf in USD
Ländern mit niedrigem Einkommen (Low Income Countries - LICs) inklusive der Gruppe der am wenigsten entwickelten Ländern (Least Developed Countries - LDCs)[179]	1005 oder weniger
Länder mit mittlerem Einkommen im unteren Bereich (Lower Middle Income Countries - LMICs)	1006 bis 3955
Ländern mit mittlerem Einkommen im oberen Bereich (Upper Middle Income Countries - UMICs)	3956 bis 12235
Länder mit hohem Einkommen (High Income Countries - HICs)	mehr als 12236

Quelle: The World Bank (Hrsg.).

179 Die Kategorie LDC wurde von den Vereinten Nationen eingeführt. Zu den LDCs gehören LICs, die mit schwerwiegenden strukturellen Hindernisses in Bezug auf nachhaltige Entwicklung konfrontiert sind. Neben einem besonders niedrigem BNE pro Kopf, sind geringes Humankapital und ökonomische Vulnerabilität die entscheidenden Kriterien für diesen Status (vgl. Committee for Development Policy und United Nations Departement for Economic and Social Affairs (Hrsg.) (2015), S. 4). Derzeit gehören 47 Länder zur Gruppe der LDCs (vgl. United Nations Department for Economic and Social Affairs (Hrsg.)).

Literaturverzeichnis

Acemoglu, Daron; Aghion, Philippe; Zilibotti, Fabrizio (2006): Distance to Frontier, Selection, and Economic Growth. In: Journal of the European Economic Association 4 (1), S. 37-74.

African Development Bank; Asian Development Bank; European Bank for Reconstruction and Development; European Investment Bank; Inter-American Development Bank; International Monetary Fund; The World Bank (Hrsg.) (2015) From Billions to Trillions: Transforming Development Finance. Post-2015 Financing for Development. (Development Committee Discussion Note).

Arrow, Kenneth J. (1962): The Economic Implications of Learning by Doing. In: Review of Economic Studies 29 (3), S. 155-173.

Azariadis, Costas; Drazen, Allas (1990): Threshold Externalities in Economic Development. In: The Quarterly Journal of Economics 105 (2), S. 501-526.

Barder, Owen; Talbot, Theodore (2015): Guarantees, Subsidies, or Paying for Success? Chosing the Right Instrument to Catalyze Private Investment in Developing Countries. Center for Global Development (Working Paper, 402).

Barder, Owen; Kremer, Michael; Levine, Ruth (2005): Making Markets for Vaccines: Ideas to action. The report of the Center for Global Development Advance Market Commitment Working Group.

Benavente, José Miguel; Galetovic, Alexander; Sanhueza, Ricardo (2006): Fogape: An Economic Analysis. Universidad de Chile. Santiago, Chile (Working Paper, 222).

Benn, Julia; Sangaré, Cécile; Hos, Tomás; Semeraro, Giovanni M. (2016): Amounts Mobilised from the Private Sector by Official Development Finance Interventions. Guarantees, syndicated loans and shares in collective investment vehicles. OECD (Development Cooperation Working Papers, 26).

Brook, Penelope; Murray, Petrie (2001): Output-based aid: precedents, promises, and challenges. In: Brook; Penelope und Smith, Suzanne(Hrsg.) (2001), S. 3-11.

Brook, Penelope; Smith, Suzanne (Hrsg.) (2001): Contracting for public services, output based aid and its applications. International Bank for Reconstruction and Development; The World Bank.

Brooks; Jonathan (Hrsg.) (2012): Agricultural Policies for Poverty Reduction. A Synthesis. OECD.

Bundesministerium für wirtschaftliche Zusammenarbeit und Entwicklung: Öffentliche Entwicklungszusammenarbeit (ODA). Online verfügbar unter https://www.bmz.de/de/service/glossar/O/oda.html, abgerufen am 15.01.2018.

Campos, Francisco; Coville, Aidan; Fernandes, Ana M.; Goldstein,

Markus; McKenzie, David (2012): Learning from the experiments that never happened: Lessons from trying to conduct randomized evaluations of matching grant programs in Africa. The World Bank (Policy Research Working Paper, 6296).

Carter, Paddy (2016): Maximising bang for the buck: Risks, returns, and what it really means to use ODA to leverage private funds. In: Development Matters, OECD-Blog. Online verfügbar unter https://oecd-development-matters.org/2016/11/15/maximising-bang-for-the-buck-risks-returns-and-what-it-really-means-to-use-oda-to-leverage-private-funds/, abgerufen am 15.01.2018.

Carter, Paddy (2015): Why subsidize the private sector? What donors are trying to achieve and what success looks like. Overseas Development Institute.

Center for Global Development; Social Finance (Hrsg.) (2013): Investing in Social Outcomes: Development Impact Bonds. (The Report of the Development Impact Bond Working Group).

Colla, Carmen (2016): Mobilisierung privaten Kapitals Welchen Beitrag können Entwicklungsbanken leisten? KfW (Standpunkte zur Entwicklungsfinanzierung, 4).

Colla, Carmen (2015): Nachhaltige Entwicklungsfinanzierung: Mobilisierung privaten Kapitals. KfW (One Pager).

Committee for Development Policy; United Nations Departement for Economic and Social Affairs (Hrsg.) (2015): Handbook on the Least Developed Country Category: Inclusion Graduation and Special Support Measures. Second Edition, United Nations.

Deutsche Gesellschaft für die Vereinten Nationen e.V. (Hrsg.) (2015): Die Ziele für nachhaltige Entwicklung. (UN Basis Informationen, 52).

Development Initiatives (Hrsg.) (2016): The role of blended finance in the Agneda 2030. Setting out an analytical approach. (Discussion Paper).

Dobias, Peter (1980): Wirtschaftspolitik. Einführung in ihre Grundlagen und Hauptprobleme. Schöningh.

European Network on Debt and Development (Hrsg.) (2014): A Dangerous Blend? The EU´s agenda to 'blend' public development finance with private finance.

Forum Menschenrechte; Forum Umwelt und Entwicklung; Verband Entwicklungspolitik und Humanitäre Hilfe deutscher Nichtregierungsorganisationen e.V. (VENRO); Global Policy Forum Europe; Open Knowledge Foundation Deutschland e.V.; terre des hommes Deutschland (Hrsg.) (2016): Deutschland und die UN-Nachhaltigkeitsagenda 2016. Noch lange nicht nachhaltig.

Freedman, Paul (2004): Designing Loan Guarantees to Spur Growth in Developing Countries. U.S. Agency for International Development (USAID).

Frey, René L. (2004): Wirtschaft, Politik, Wirtschaftspolitik. Öffentliche Abschiedsvorlesung in der Aula der Universität Basel, 30. März 2004. In: CREMA Beiträge zur aktuellen Wirtschaftspolitik (1).

Fritsch, Michael (2014): Marktversagen und Wirtschaftspolitik: mikroökonomische Grundlagen staatlichen Handelns. Vahlens Handbücher der Wirtschaft- und Sozialwissenschaften. 9., vollst. überarb. Aufl.: Vahlen.

Gad, Gerhard; Ellmers, Bodo (2007): Der Beitrag ausländischer Direktinvestitionen zur Entwicklung des Südens. Theoretische Überlegungen. In: Verband Entwicklungspolitik deutscher Nichtregierungsorganisationen e.V. (VENRO) (Hrsg.) (2007), S. 6-12.

Gass, Thomas; Weinlich, Silke (2015): Die 2030-Agenda - eine kopernikanische Wende in der Entwicklungspolitik? Deutsches Institut für Entwicklungspolitik (DIE) (Die aktuelle Kollumne vom 15.10.2015).

Generalversammlung der Vereinten Nationen (Hrsg.) (2015a): Aktionsagenda von Addis Abeba der dritten Internationalen Konferenz über Entwicklungsfinanzierung.

Generalversammlung der Vereinten Nationen (Hrsg.) (2015b): Transformation unserer Welt: die Agenda 2030 für nachhaltige Entwicklung.

Gotev, Gregori (2015): Commission says blending of funds produces 'huge' Results. In: EURACTIV.com. Online verfügbar unter www.euractiv.com/section/development-policy/news/commission-says-blending-of-funds-produces-huge-results, abgerufen am 15.01.2018.

Griffiths, Jesse (2012): 'Leveraging' private sector finance: How does it work and what are the risks? Bretton Woods Project, London.

Hainz, Christa; Hakenes, Hendrik (2012): The politician and his banker – How to efficiently grant state aid. In: Journal of Public Economics 96 (1-2), S. 218-225.

Hausmann, Ricardo; Rodrik, Dani (2003): Economic development as self-discovery. In: Journal of Development Economics 72 (2), S. 603-633.

Humphrey, Chris; Prizzon, Annalisa (2014): Guarantees for development. A review of multilateral development bank operations. Overseas Development Institute.

International Finance Corporation (Hrsg.) (2016): Annual Report 2016.

Javorcik, Beata S. (2004): Does Foreign Direct Investment Increase the Productivity of Domestic Firms? In Search of Spillovers Through Backward Linkages. In: American Economic Review 94 (3), S. 605-627.

Kindomay, Shannon (2012): Investing in the 'business' of development-Donor approaches to engaging the private sector. In: Tomlinson, Brian (2012) (Hrsg.): S. 27-35.

Kline, Patrick; Moretti, Enrico (2014): Local Economic Development, Agglomeration Economies, and the Big Push. 100 Years of Evidence from the Tennessee Valley Authority. In: The Quarterly Journal of Economics 129 (1), S. 275-331.

Klingebiel, Stephan (2013): Entwicklungszusammenarbeit. Eine Einführung. Deutsches Institut für Entwicklungspolitik (DIE). Bonn.

Knoke, Irene; Morazón, Pedro (2016): Agenda 2030. Nachhaltige Entwicklungsziele (SDG): Die Rolle des Privatsektors. SÜDWIND e.V.

Knoke, Irene; Morazán, Pedro (2011): Entwicklungsfinanzierung: alte Versprechen und neue Wege. 2015 im Gespräch. Verband Entwicklungspolitik deutscher Nichtregierungsorganisationen e.V. (VENRO).

Koenig, Anja-Nadine; Jackson, Edward T. (2016): Private Capital for Sustainable Development. Concepts, Issues and Options for Engagement in Impact Investment and Innovative Finance. Ministry of Foreign Affairs of Denmark (Evaluation Study).

Kwakkenbos, Jeroen (2012): Private profit for public good? Can investing in private companies deliver for the poor? European Network on Debt and Development.

Lanz, Martin (2015): Rückschritt bei den Uno-Zielen. In: Neue Züricher Zeitung, 27.09.2015. Online verfügbar unter https://www.nzz.ch/wirtschaft/wirtschaftspolitik/rueckschritt-bei-den-uno-zielen-1.18620538, abgerufen am 15.01.2018.

Levitt, Steven D.; List, John A.; Syverson, Chad (2013). Toward an Understanding of Learning by Doing: Evidence from an Automobile Assembly Plant. In: Journal of Political Economy 121 (3), S.643-681.

Lonsdale, Cordelia (2016): Aligning blended finance with the Busan principles of development effectiveness. Development Initiatives (Discussion Paper).

Obenland, Wolfgang (2016): Geld ist nicht alles, aber ohne Geld ist alles nichts. Die finanziellen Aspekte der Umsetzung der 2030-Agenda. In: Forum Menschentrechte et al. (Hrsg.) (2016), S. 134-141.

Organisation for Economic Co-operation and Development: DAC members. Online verfügbar unter http://www.oecd.org/dac/dacmembers.htm, abgerufen am 15.01.2018.

Pereira, Javier (2017): Blended Finance: What it is, how it works and how it is used. Oxfam International.

Pereira, Javier (2015): Leveraging Aid. A Literature Review on the Additionality of Using ODA to Leverage Private Investment. UK Aid Network.

Perry, Guillermo (2011): Growing Business or Development Priority? Center for Global Development.

Pigou, Athur C. (1932): The Economics of Welfare. 4. Aufl. London: Macmillan and Co.

ReDesigning Development Initiative (Hrsg.) (2015): Blended Finance Vol.1: A Primer for Development Finance and Philanthropic Funders. An overview of the strategic use of development finance and philanthropic funds to mobilize private capital for development. World Economic Forum; OECD.

Rodrik, Dani (2007): One Economics, Many Recipes. Globalization, Institutions and Economic Growth. Princeton and Oxford: Princeton University Press.

Ross, Stephen A.; Westerfield, Randolph W.; Jordan, Bradford D. (2016): Fundamentals of corporate finance. 11 Aufl.: McGraw-Hill Education.

Roth, Steffen J. (2016): VWL für Einsteiger. 5. Aufl.: utb.

Schmidt-Traub, Guido; Sachs, Jeffrey D. (2015): Financing Sustainable Development: Implementing the SDGs through Effective Investment Strategies and Partnerships. Sustainable Development Solutions Network.

Schmidt-Traub, Guido (2015): Investment Needs to Achieve the Sustainable Development Goals. Understanding the Billions and Trillions. Sustainable Development Solutions Network (SDSN Working Paper, Version 2.).

Seebens, Holger (2013): Development Impact Bonds. Was ist das? KfW (One Pager).

Snyder, Christopher; Begor, Wills; Berndt, Ernst (2011): Economic Perspectives On The Advance Market Commitment For Pneumococcal Vaccines. In: Health Affairs 30 (8), S. 1508-1517.

Stokey, Nancy (1988): Learning by Doing and the Introduction of New Goods. In: The Journal of Political Economy, 96 (4), S. 701-717.

Swiss Investment Fund for Emerging Markets (SIFEM) (2016): Annual Report 2016.

Tew, Rob; Caio, Cecilia (2016): Blended Finance: Understanding its potential for Agenda 2030. Development Initiatives (Report).

The Reality of Aid International Coordinating Committee (2012): Political Overview: Aid and the Private Sector: A Catalyst for Poverty Reduction? In: Tomlinson, Brian (Hrsg.): Aid and the Private Sector: Catalysing Poverty Reduction and Development?, S. 9-23.

The World Bank (Hrsg.): World Bank Country and Lending Groups. Online verfügbar unter https://datahelpdesk.worldbank.org/knowledgebase/articles/906519, abgerufen am 15.01.2018.

Tomlinson, Brian (Hrsg.) (2012): Aid and the Private Sector: Catalysing Poverty Reduction and Development? IBON International, Quezon City.

United Nations Conference on Trade and Development (2014): Investing in the SDGs. An action plan. United Nations (World investment report, 2014).

United Nations Department for Economic and Social Affairs (Hrsg.): Least Developed Countries. Online verfügbar unter https://www.un.org/development/desa/dpad/least-develped-country-category.html, abgerufen am 15.01.2018.

Verband Entwicklungspolitik deutscher Nichtregierungsorganisationen e.V. (VENRO) (Hrsg.) (2007): Ausländische Direktinvestitionen. Ein Königsweg für die Entwicklung des Südens? (2015 im Gespräch, 11).

Villanger, Espen; Berge, Lars I. (2015): Private sector development for poverty reduction. Opportunities and challenges for the Norwegain development aid. Chr. Michelsen Institute (CMI-Report, R 2015: 09).

Westphal, Uwe (1994): Makroökonomik: Theorie, Empirie und Politikanalyse. 2. Aufl.: Springer-Verlag.

Wiggins, Steve; Brooks, Jonathan (2012): The Use of Input Subsidies in Developing Countries. In: Brooks; Jonathan (Hrsg.) (2012), S. 169-191.

World Economic Forum (Hrsg.) (2013): The Green Investment Report. The ways and means to unlock private finance for green growth. (A Report of the Green Growth Action Alliance).

Zeitfracht Medien GmbH
Ferdinand-Jühlke-Straße 7
99095 Erfurt, Deutschland
produktsicherheit@kolibri360.de